U0111609

大展好書 好書大展

命理與預言55

庭園開運風水

小林祥晃/著
劉 小 惠/譯

大展 出版社有限公司

首次公開

Dr.小林的庭園風水

能夠召喚幸運的庭園設計就是風水園藝。
種植漂亮的花和綠草，不只是為了享樂，
同時能夠帶給居住者好運，這才是庭園的大價值。
雖然只是狹小的庭園，
但是我的庭園的確為我帶來了幸運。

←↓組合木曾石做成的花園。左手邊是竹子，右手邊是梔子、結出紅色果實的南天竹及硃砂根。能帶來健康運和工作運。

→在東側二樓的小孩房窗框塗成紅色，便能夠吸收使孩子有元氣地成長的東方力量。此外也可以種植或裝飾紅色的花。

↑ 我最喜歡的花茱萸。種了 5 年左右長成這麼大。氣很強，能夠提高財產運。

→好像梅花似地開車輪狀白色花的車輪梅。香氣極佳，種在前庭東南方的庭木。使人生變得更積極。

→園內種植南天竹。雖然有人說會轉難但是紅色的果實卻能打開工作運。

↑從東側越過柵欄可以看到整個庭園。一看就會發現日本黃楊中央稍高。這是藉著龍脈形成氣的循環。

←在庭園的南邊與才能有關。種植了一對梅樹。出版了超過五十本風水書，這是南方的力量。

↑東北方有財產力。為了能開出白色楚楚動人的花，因此我種植了鈴蘭花。

↑裝飾台上紅色的花是良薑，能產生元氣。

夏 橙

庭園的幸運區

↑→庭園北方與住家連接處種植良薑，從起居室也可以看得很清楚。

→從側面看庭園全景。可以看到西邊的道路相反側種著一棵很大的夏橙樹，結成Dr.小林的財運果實。

↓從南邊到西邊種植日本黃楊，朝向北邊建築物的庭園中心附近是力量的泉源。日本杜鵑花露出的泥土能夠給予穩定，是吉相。

↓我的才能力量是一對梅樹。夾著道路，以附近的松樹為借景，形成吉相庭園。

●幸運區中種植與庭園方位和屬性相合的樹木，搭配與這一家屬性相合的植物，藉此能提升力量。

●庭園入口處非常明確時的幸運區，是〈庭園入口〉與庭園中心連結的區域。

↑在狹小的都會庭園中，將隔鄰的植栽也巧妙地加入自宅風水的要素中。加入對面的竹子和松樹，形成擁有松、竹、梅的Dr.小林的庭園。

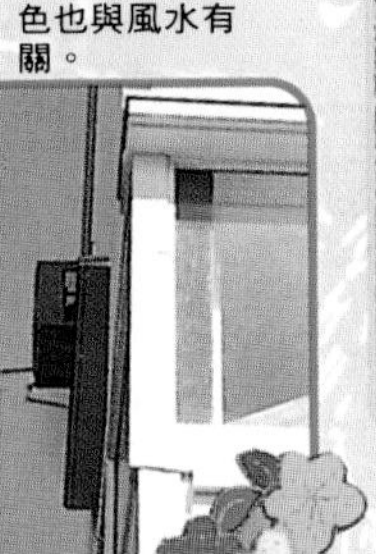

↓西窗漆成黃色能提升金運。不只是花草樹木，連建築物、門扉的顏色也與風水有關。

↑面對西邊有一棵大的夏橙樹。是隔鄰的樹木，但卻是提升金運的要素。

↑西南邊能夠帶來家庭運，所以有門者較好，但是我家的門廊在東南邊，因此在此建立腳踏車停放處，當成臨時的門。

←與我家並排的左手邊，開著丹桂的黃花。雖是隔壁的庭木，但是西邊有黃色能夠提升金運。

→南邊有瑞香和梅樹。帶有香氣的花木能提升芳香療法的效果，在風水上建議使用。

招　運

容器等的選擇

召喚幸運的風水園藝之重要項目，就是能移動場所、容易重新種植的容器栽培。必須注意幸運方位和花色。

剪下來的花帶有日本的味道，容易使情緒平靜，但是如果不夠華麗反而不好，必須注意。

N

架子有四方形的格子和斜的格子。四方形的東西適合鬼門和西方位，斜的適合東南或東、南方位。
掛什麼形狀的籃子都可以，主要問題在於裡面的花，所以不必太擔心。

在海外要巧妙使用窗邊或遮陽台，掛一些藤蔓植物，可以擁有更好的人際關係。

N

架子的顏色一般為白色的，但是有時為了防止腐蝕會漆上一層薄薄的綠色。此外，鮮艷的紅色等也不錯。紅色架子使用白色的籃子、搭配黃色的花最佳。

逆扇形朝上開的形狀表示具有良緣和廣泛的人際關係。相反地，如果口縮窄則具有提升金運的效果，擺在北方為吉。

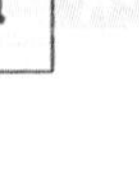

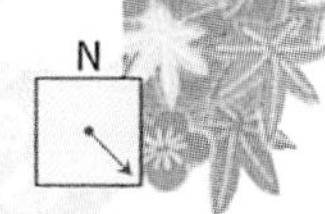

圓形較高者放在日照良好處，盡可能擺在東南方。種植一些如圖所示的植物，能夠提升戀愛運。

細長的花盆擺在圍欄邊，或是交界處也可以。長方形可以當成花壇使用。適合擺在東南方或南方。

表面具有光澤者擺在廣大的庭園較好，不適合擺在小陽台。

四方形的可以擺在東北、西北或西邊。具有儲存財產的力量。

使用大桶時可以放在屋頂或玄關前。放在日照良好的地方也可以，不只是花，也要種植一些較大的樹木。

花盆可以以立體的方式一層一層地擺設。適合擺在東南方。

花車可以用來襯托花。用樹木圍繞的構想也不錯。

形成龜甲的容器能取得平衡。

牆上掛上木條，花朵盛開能夠吸收牆壁的冰冷。寒色系列的牆壁，擺設暖色系列的花較好。白色或灰色牆壁本身沒有任何作用，但是利用花能使顏色產生變化。

容器本身有圖案時。雞的圖案適合擺在西方。小孩的圖案適合擺在東南方或東方。

八方位別幸運庭木

首先要調查庭木的方位。很難重新種植這一點也是決定運的重要因素。同時要利用四季的花草，提升幸運。

西北

意謂廣泛的人際關係對自己有益。可以建立朋友、提升力量。此處可以種植修剪成圓形的樹木。種竹子也可以。種植較高的植物。我家的西北邊種植了竹子。

北

北方具有不會浪費庭園力量的作用。盡可能種植下方能夠密生的植物。灌木(低木)有下枝，可以種植，或是使用下草。顏色為白色、粉紅色、橘色、紅色。

東北

具有增加財產的力量。可以種植樹枝較大的樹木或是可愛的植物。鈴蘭、花菜黄等顏色為白色。也可以種南天竹。

西

具有金運。金表示喜悅。最好種植能夠結黃色果實的植物。日本橘或夏橙等都可以。盡可能種較高的植物。因此也可以種棣棠花。

粉紅色的桃子也能提升人際關係。

東

種植會結紅色果實的樹木較好，如蘋果或柿子樹等。東方如果有紅色的果實就能提升工作或事業運。一般人認為為了避免由東方曬過來的陽光，因此不要種太高的樹木，但是如果冬天會落葉的樹木則種大一點的也無妨。顏色為紅色或藍色。

西南

表示家庭運。我家庭院的西南方種植了如波濤般的日本黃楊。藉由波濤拍打提升力量。平常可以修剪成平坦，但是最好有高低起伏。像築山一樣稍高即可。有小的高丘表示家庭穩定。以風水而言，家庭穩定是一切幸福的基礎。因此庭園西南方特別受到重視。葉子稍微密集較好。如果能在早晨或白天曬到太陽處種植較好。必須種植一些比較堅強的植物。必須將此處視為庭院中最重要的部位。

南

提升才能。像我家在南方種植的是一對樹木。種植紅白梅。白白也可以，但是不可以種紅紅。因為壓力較大，因此一定要謹慎從事。才能在 6 月，因此要選擇 6 月能夠開花、結果的植物。我家種梅樹的原因當然也包括了松竹梅的概念在內，同時 6 月時會結果，因此種梅樹。以前認為『6 歲的 6 月 6 日開始學的事能夠有大的成就』，這就是藉由南方的力量之賜。可以種植胡頽子或櫻桃。如果種花，同樣的花要種一對。不論是盆栽或花壇上，一定要種植二種相同的。

東南

具有香氣的花。枝葉、果實等都可以。我的事務所的東南方種植了大葉冬青。東南方有這個樹木，是因為我認為可以藉由信和文章等廣結人緣。所以現在才有這樣的成就。據說在東南方也不要種較大的樹木，因為怕遮住陽光。但是，比起陽光而言，運應該更重要。因此就算會遮住陽光，但是我還是要取得好運。東南方可以種植白色的花和帶有香氣的花。此外，如果有自己想做的事情，或是想藉此增廣與他人的交流時，也可以在此種植這類的花。選擇喜歡的花盆種植吧！

前言

我最初進行的庭園設計，是在大學學建築時，為光臨父親的事務所之一位醫生的住家進行設計。現在成為著名的住宅區內，當時成立了許多新興住宅。位於小高丘上的這棟大住宅的確引人注目。

當時我在父親的事務所，是以打工的型態進行監督見習。

事實上，當我對於這個住宅進行基本設計時，在初期計畫中就已經加入了庭園設計。已經決定了「建立何種庭園」的基本構想。建地內從南到西的傾斜地當成庭園進行造園計畫。

但是又擔心自已做不好。因此前往日本京都觀察寺廟著名的庭園。當時我感受到的是『陰陽調和』。

也就是說，從孩提時代所學到的風水、方位的觀念，全部納入寺廟的庭園設計中。因此，我的眼前大放光明，而且也開始嘗試自己與建庭園之樂。

我認為「庭園不能由他人幫我做，應該自已做」，於是和工人們每天汗流浹背地在現場造園，終於完成了好的庭園。

完成的庭園與當初的設計完全不同。屋主每天都來欣賞，好像覺得很快樂似的，並且稱讚我「做得真好」。

後來，甚至連施工我都必須去觀照的住家的庭園，我會到現場自己動手做一些設計。也許別人覺得我很囉嗦，但是我很喜歡這麼做。我很喜歡設計庭園。

的確，如果有很多預算時庭園可以交給他人做。但是得到本書的你，可以盡可能自己做。利用花壇種花，培養一些植物也不錯。

這次所介紹的我的自宅的前庭，從挑選石頭到植木、花草等，全都是我自己動手的。

我造園的基本原則，就是建造時充分植入植木和樹陰草。通常幾年後樹木會長大，因此，最初很多人都不會種植很多樹木。但我做任何事情都非常心急，做的時候，如果不做到最好，就會非常生氣。

造園時首先起草園藝圖，和造園工互相商量，但是從來沒有一次按照圖面完成。因為在現場一起造園時，我會陸續想起「這裡有○○○的話，對風水而言很好哦」。

因此，最初不會做出完整的圖片，只將基本設計和大樹的位置決定好。就前往造園工處選擇植木和石頭。因為我要對植木和石頭說：「我要把你們帶到小林家的庭園中。」

但是，小林派的園藝主題是為了得到幸運而造園，所以要建造風水吉相的庭園。也就是說不管任何一個庭園，隨時都要考慮到如何讓幸運停留其中。我的園藝特徵，就是利用庭園彌補住宅的凶相。

為了供各位參考，所以我公開了自宅的庭園。

這個庭園是在六年前建造的，從樓梯的堆石到植木，全都是自己去買、自己施工的。附近的人都以為我是工人。有一陣子，他們根本不知道我是屋主。

趁著寫稿的空檔，我會看圖面，在空白處挖洞，堆石頭，種植樹木，花了四天才完成。我的特徵是不會多花時間做這些事情，因為我非常忙錄。首先是種植的樹木非常龐大。利用二、三年來加以修剪調整。

設計自宅時，我曾經拿不定主意，不知道該建停車場，或是保持庭園的狀態。但是附近可以借到停車場，所以決定不在自宅的庭園中

＊＊＊＊＊＊＊＊＊＊＊＊＊＊＊＊＊＊＊＊＊＊＊＊＊＊＊＊＊＊＊

興建停車場，於是建立一個能夠緩和自家凶相的庭園，因此才有現在的小林出現。所以即使沒有錢，沒有餘暇，只要有吉相就夠了。

種植一整年都會開的花當然最理想的，但是這是不可能的。不過我越來越喜歡我的庭園了。這是位於南道路的建地，玄關前有小小的『前庭』，每天出門時都可以看到前庭，讓我真的很快樂。

早春時節梅花開的時候，雖然寒冷，但是在花下喝瓶罐裝啤酒，瑞香開的時候，把鼻子湊過去聞一聞，杜鵑、印度杜鵑、鈴蘭……等，和花一起生活，利用園藝緩和整體不平靜的凶相庭園。

以前關於家中的綠意及花的風水術，我曾以花風水流之家元，出版過『小林的花與綠的有效風水』等書。演講會時及電話、寫信詢問種植庭園植物陽台風水術的人不少，因此我寫下本書做為回答。

希望各位能夠參考本書，與建吉相風水庭園，和花木同享幸福。

Dr.小林・小林祥晃

＊＊＊＊＊＊＊＊＊＊＊＊＊＊＊＊＊＊＊＊＊＊＊＊＊＊＊＊＊＊＊

目錄

首次公開　小林的風水庭園……二
招運　容器等的選擇……六
八方位別幸運庭木……九
前　言……一〇

第一章　庭園風水的基本知識

建築物與庭園具有主從關係……二〇
考慮道路的方位而興建庭園……二四
庭園是多目的的空間……二九
興建庭園要重視形式……三三
庭園的「幸運區」能召喚幸運……三五
建物的缺點靠庭園彌補……三八

建物也要重視陰陽調和……四四

第二章　庭園隱藏的風水力

從庭園看門的吉凶……四八
庭園的風水力取入家中……五〇
大廈可以活用陽台……五五
陽台的風水園藝……五八
園藝與方位的吉凶……六〇
與本命星相合之庭園的方位……六四
利用植木防止凶作用的方法……六七

第三章　開運的風水園藝

利用花壇召喚幸運的方法……七〇
招福季節及花的風水……七五

黃色的花／綠色的葉子或植木／紅花／茶色／
藍色花／白花／粉紅色的花／橘色的花／
米黃色、奶油色的花／紫色的花
目的別、開運園藝術……八六
風水園藝實例……九四
健康運力／財運力／工作運力／兒童運力／才能運力／
興建風水庭園的技巧……一〇五
花草的風水園藝……一一四

第四章 植木與花木的風水術

必須了解木的陰陽……一一八
植栽要了解「木心」……一二〇
八方位與植木的關係……一二四
魂宿於木……一二七

松竹梅會帶來幸運的理由……一二九
花木所隱藏的風水力……一三一

第五章　轉凶爲吉的風水園藝

設備的素材與顏色……一三六
鬼門與裏鬼門的風水術……一三九
廁所、浴室外的風水術……一四一
廚房外的風水術……一四三
寢室外的風水術……一四四
小孩房外的風水術……一五〇
必須了解的宅邸打掃方法……一五二

第六章　屋外設備與風水術

屋外設備與風水……一五六

從開放式變為封閉式……一五八
從風水觀點看庭園的使用方法……一六一
牆壁顏色的風水……一六二
長廊與舖石……一六三
置物的風水……一六七
圍牆、圍籬、樹籬與風水……一七一
陽台與風水……一七四
停車場與車庫……一七七
利用涼亭召喚好運……一八一
倉庫的風水術……一八二
後　記……一八四

第一章

庭園風水的基本知識

【……目的別，花的顏色……】

白頭翁　　毛茛花
(健康運)紅色　(金運)黃色

建築物與庭園具有主從關係

風水是探討宿於大地中力量的學問。因此，庭園和建築物的關係非常重要。在風水非常盛行的香港，卻沒有看到種植庭木的庭園。當然原因是土地狹窄，但是另一個想法就是認為樹木會阻擋「氣」。

香港的人口中，現在購買住宅的有百分之五十是中國人，也就是都是在意風水的人。因此建造住宅時會重視家相。當然這是考慮購買層的問題，否則會賣不出去。但是，建商特意培養的街樹和住家前庭等，香港人卻完全不加以照顧，這也是一大問題。

可能是因為土地狹窄的關係，香港人並沒有利用庭園彌補力量的想法。因此，只好藉由室內裝璜或是小的盆栽、擺設物、繪畫等提高風水力。

香港歸還中國後，迎接農曆年時，很多店家或自宅會擺一些裝飾品。香港人喜歡擺會長小金桔的盆栽（稱之為吉），玄關及入口處則掛一些金黃色的裝飾品。

建物與庭園的關係

陽（建物）與陰（庭園）取得
6:4 的平衡較好

日本人很喜歡庭園。希望擁有獨門獨院的房子。所謂「獨門獨院」就是有小小的一片土地，也就是有庭園的住家。

庭園對於建築物會帶來何種運氣呢？兩者之間具有主從的關係，也就是陰陽的關係。建築物為『陽』、庭園為『陰』。建築物的想法中，不會考慮以一棵樹為主題而興建家園，一般而言建物為主、庭園為從。

在無法興建廣大庭園的土地上興建住宅時的處理，本書也會敘述。因為風水能使吸收大地力量的住家變得更好，因此，我要教導各位興建庭園的方法。

關於這類的庭園，風水上有各種格言

。經常有人問我「有沒有帶來好運的樹木或造成惡運的樹木呢」，事實上並沒有上述二者之別。只是因為與土地不合，或是造成建物產生濕氣的樹木並不好。

不只是哪一種樹木要種植在哪一個方位的問題，連屋外設備，本書也會隨時探討，可考慮陽光及防風的問題進行植栽。

陽光、風及大地的力量充分吸收到土地和住宅，使住家成為吉相，這才是考慮風水的花與綠的園藝重點。

但是，陽的建物、陰的庭園的平衡，以面積而言六比四，至多五比五為吉。但大都很難取得這種平衡。因而可以藉由在小的空間進行植栽，提升建物的運氣。

＊風水

發祥時期相當古老，可追溯到漢朝時。非常了解統計和機率的古代中國人，分析以往的資料，確立了興建都市、家園的技巧。同時，探討大地吉凶的理論就是風水。

風水和佛教在同一時期由中國傳入日本，貴族和武士會加以使用，應用於遷都和寺院的建築等方面。此外，根據記錄顯示，日本京都、鎌倉、江戶等處建城時會依風水觀念進行。

風水大致分為陽基論與陰宅論二種。

小林的風水是環境開運學。基本上認為太陽、大地等地球上所有的一切都擁有力量。只要利用這個力量，任何人都能得到幸運。可以利用周遭所有的環境開運，這是一種非常積極的想法。

*陰陽

風水是重視陰陽調和的學問。不可能陰不好而陽會好。所有一切都有陰與陽的力量，以方位考量時，東和南是陽的方位，西和北是陰的方位。以顏色而言，暖色系具有陽的力量，寒色系具有陰的力量。以素材而言，鐵和水泥等無機質為陰，木或床等自然物為陽。

考慮道路的方位而興建庭園

建立家園的建地旁必須留有一定的空地而接鄰道路。風水上認為幸運是經由道路進入建地或住家的，因此道路非常重要。

關於建地和道路的吉凶，基本上要探討道路的寬度及方位、地形。

地形上認為凶相者為三角形的建地，或是台形的建地等變形建地，但是可以藉由興建庭園和建物使其轉變為吉相。

此外，道路有上坡、下坡、彎曲等形狀，只要藉著門屏和庭園的興建使其成為吉相即可。

※東道路的住家

道路因為建地延長的關係，以棒狀的狀態接觸建地則另當別論。如果你的建地在東側有前面道路時，以風水而言，基本上是屬於東方力量較強的建地。也就是說，幸運會由道路進入建地，充滿東方氣的幸運會從東道路進入建地中。

這時興建庭園的方式，是為了充分吸收東側以外的力量，以住家中心來看，重點在於處理北側、南側、西側的庭園。狹小的土地可以興建圍籬或花壇，藉由種植小的植木等使其轉為吉相。以這種方式考慮外圍和庭園的設計。

從事營業工作，或是年輕人和運動員等，則利用東側道路、東側庭園充滿力量。如果南邊有興建庭園的空間時，也可以在南邊興建庭園。

※南道路的住家

南道路非常適合藝術家或是從事企畫工作的人，而北、東與西，尤其西側與東側的庭園設計非常重要。南道路通常與東道路同樣，重點在於要興建一個日照良好的庭園，因此大都會在玄關前興建庭園。我家就是南道路，所以到玄關為止的空間如何使其成為吉相，必須充分考量。

※西道路的住家

西道路的建地適合做生意。對於販賣飲食的人而言是吉相。但是不適合開處理生鮮食品的店，因為西曬強烈。

西道路會有西方的氣較強的幸運流入建地中。因此，建築物的中心到東側、南

道路的方位與庭園建造

〔北道路的住家〕

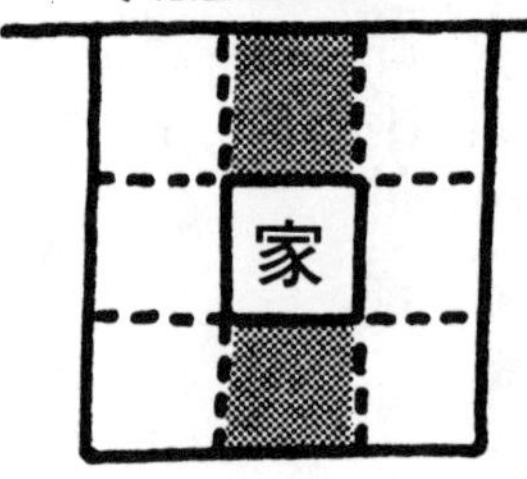

在道路側興建吉相庭園很重要，南邊也可以興建廣大的庭園。

〔西道路的住家〕

西邊的力道較強，因此東和南的庭園很重要。在西邊的玄關可以做長而寬廣的長廊。

〔東道路的住家〕

家

充滿力量的人例如營業員、運動員等，東側的庭園較好。這時在北、南、西種植 1 棵小樹木為吉。南方的庭園也可以。

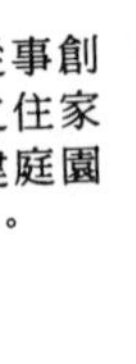

適合藝術家或從事創造性工作的人之住家。在西、東興建庭園時必須花點工夫。

[南道路的住家]

側的庭園是設計的重點。玄關不管在哪個方位，如果在設計上還有一些餘地，可以稍微拉長到玄關為止的距離，加深建物的深度，也可以加寬寬度。但是，即使有廣大的空間，如果興建池塘，或在玄關前擺設石製洗手盆等，都會成為喜歡遊玩之家。尤其石製洗手盆絕對不能擺在正西方。

※北道路的住家

北道路的建地，一般而言建物會靠向北邊興建，一直到達道路斜線或北側斜線為止。這是因為想在南側建造庭園。但是以風水家相而言，即使是北道路，道路側設置家屋，玄關前的空間做為吉相庭園，只要達到南、北庭園空間的平衡，就算是「吉」。

任何人都會想到南方可以興建較寬廣的庭園，但是如果住家在北道路時，北側也很重要。

所以，不管道路在哪個方位，都必須和庭園取得調和。東側或南側道路，玄關前的道路較多，而西側、北側的道路，大都會在住家的內側（東或南）興建庭園。

當然要考慮日照的問題，但是玄關前也很重要。只要設計就能成為吉相。

庭園分為位於住家前方的前庭，以及位於住家後方的後庭。不能忽略與道路的關係，所以當然要重視前庭。

此外，門和圍牆的調和，對於建物和庭園也是重要的要素。像我家的圍牆較低，就是因為建地比一般道路更高，而且考慮對於庭園和住家的通風問題，同時想要利用樹籬在庭園形成龍脈所致。

許多著名的寺廟的庭園，為了使庭園看起來更寬廣，利用圍牆的高度調整遠近，取得平衡，使庭院看起來有更寬廣的感覺。

現在在都會中的建築設計，必須基於建築基準法，重視道路與建地的關係。因此，必須認真地考慮合法的風水吉相庭園。

庭園是多目的的空間

興建庭園時，大家會考慮些什麼呢？與住家同樣地，庭園的設計也很重要。

首先必須考慮庭園的目的和用途。簡單將用途分類，分為下述幾點。當然，目的和用途可能會重複。

第一是用來欣賞的庭園。由屋中凝望，能使心情平和的庭園。像日式庭園，一般而言屬於這一種。坪庭等也屬於這一型。

第二則是享受趣味生活的庭園。趣味有很多，例如喜歡烹飪者，會種植一些烹調所需要的紫蘇、花椒、梅樹、花草等。歐洲的許多庭園都種有香辛料或花草等。陽台花園也包括在內。

第三則是利用庭園當成果園或菜園。會結果的樹木對於風水而言，利用價值極大。例如考慮健康時，在東方的庭園種植會結紅色果實的柿樹。或是種植能夠得到子嗣的石榴樹等。

此外，如果希望兒子很有元氣，能夠繼承家業，則可以在東方種植蘋果樹，這是非常好的想法。有的人會種植奇異果。我這種想要錢的人，會在西方種植橘樹。在鄉下地方所看到的果園等則可以算是更大的庭園。

事實上，當成果園或菜園的庭園興建法，也應該利用風水。自古以來人們就利用庭園種植草莓、葡萄或蘋果等，相信大家都知道。

第四則是當成戶外休息處，享受一家團圓之樂的庭園。與建物一體物，突出的涼亭等也包含在內。屋頂庭園與平台的組合，更能產生在庭園空間遊玩的氣氛。如果想要享受一家團圓之樂，可以考慮能在庭園中吃吃喝喝的目的而興建庭園。此外，也有人在庭園中設置烤肉架。

第五則是當成迷你高爾夫球場的練習場，或當成兒童遊樂場的庭園。可以設置單槓或秋千，也可以考慮飼養動物。

此外，也有人設計庭園時，做為放置工具的小倉庫，或是車庫、曬衣物的場地等。一般而言，可以利用籬笆巧妙運用這些空間，也可以將建物當成庭園的一部分而進行設計。

建物看起來更為美觀，同時又能提升風水力的庭園，當然是最好的。

植栽則必須考慮防風、防火、防砂、遮蔽、水土保持等作用。

有些庭園中種植了瑞香、桂花、梔子花等，可經常聞到花香。

重視庭園的目的非常重要。

＊適合當成樹籬的庭木

滿天星、柊樹、桂花樹、日本女貞、柾木、南五味子、大花元道木、六月雪、柃木、茶樹、木槲、印度杜鵑花

＊可享受香氣的庭木

瑞香、丹桂、梔子、玫瑰、梅樹、揀樹、荷花玉蘭

興建庭園要重視形式

充分考慮目的之後，其次必須考慮庭園的形式。形式就是指以何者為重點而興建庭園的意思。

例如，以前就種有古木，要考慮是否巧妙地加以運用而興建庭園，或是以喜歡的樹木為主而興建庭園。要以門前的松樹或五葉松為主而興建庭園，或是以較大的花茱萸為主來興建庭園，如果有丹桂時，也可以以此為主而興建庭園，就是要以自己喜歡的樹木為主來興建庭園較好。

如此一來，整個庭園容易整齊，而且設計也比較輕鬆。但是必須考慮樹木與庭園的位置和方位。

其次，也可以利用樹陰草、灌木及花等為主，興建花壇，或是採用目前流行的歐式庭園的做法。花壇分為圓形及各種不同的形狀。

也可以使用覆蓋庭園的草皮或沿階草、羊齒等興建庭園。

另外，我想一定有人以燈籠或大石頭為主而興建庭園或建造假山。

此外，就風水而言，不算太好的做法是，有的人以水池為主，或是以流水等為重點而興建庭園。

風水上認為，有水流經的庭園不適合一般的住宅，但是如果為店舖併用住宅時，流水可以在店鋪的庭園中使用，或是擁有一千坪左右的土地就沒有什麼問題了。小的庭園則流水會使住家產生濕氣，為凶相。

興建日式庭園、歐式庭園，或是折衷式庭園等，有各種不同的想法。此外，也有所謂茶亭。這些都要看個人的智慧了。

如果是日式建物，一般而言會考慮建造日式庭園。但是有草地也無妨。

即使是西式建物，也不見得一定要興建西式庭園。可以混合興建而引出建物的優點。

各種庭園

談及庭園，到底宅邸的哪個部分要興建庭園呢？

一般而言，在玄關旁的是前庭。是客人站在玄關時就可以看到的庭園。其次是主庭。也就是在南方、東南方、西南方的真正的庭園。

此外還有內庭，也就是所謂後庭。當成曬衣場等，利用日本羅漢柏、玫瑰花等設計的庭園。

另外，還有中庭，以風水而言，除了較大的建物以外，並不適合設置中庭，但是在歐洲，利用建物圍繞與道路的交界處，所以中央會興建大的中庭。

中庭具有採光與通風兩種優點，但是就風水觀念而言，氣無法集中，不算是吉相。

其次是小巷。例如在路兩旁有建物，可以在小巷種植樹木或擺些小盆栽，大家一起享受庭園之樂。

如果你家因為建立延長，屬於在較裡面的住家，在到達家門口之前的長廊兩側種植花草樹木，形成小巷狀的庭園也不錯。

另外，比較不普遍的就是坪庭。

庭園的「幸運區」能召喚幸運

庭園的方位該怎麼看呢？

風水是重視事物中心的學問，看家相時首先要找出住家的中心。同樣的，看地相時，也要找出土地的中心，觀察東南西北等八方位。

建立住家時，住家的中心包括土地在內，成為不動產的中心，從這個家的中心計算庭園的方位。也就是說，從家的中心計算庭園的八方位。

但是，Dr.小林的風水非常重視家中的「幸運區」。也就是從玄關通過家的中心，朝向對角線方向的帶狀區域，即家中的「龍脈」，是有幸運氣流過的部分。巧妙利用這個地區，就能召喚幸運。

庭園中也有幸運區。從道路進入的氣的流通，可在庭園中形成龍脈。那麼，庭園的龍脈應該採取何種走向呢？

首先要考慮門的位置。如果沒有門，則要考慮大門前與道路的接點。

門與庭園中心的連接線，就是幸運區。與日照傾斜度、寬廣等都無關。

幸運區內該種植什麼樹木呢？該興建何種庭園呢？這都是重要的問題。

利用幸運區的方式，對於這個家的運氣會造成很大的影響。此外，以建物的中心來看，幸運區在哪一個方位，是這個住家庭園的重點，具有極大的影響力。

庭園的幸運區及其方位，對於風水園藝而言最重要。選擇與方位屬性相合的樹木來種植，或是放置一些與這個家投緣的東西，利用吉石或桌子、椅子等的擺設，提升力量。

＊龍脈

風水非常重視龍（氣）通過的龍脈。一般而言在人地中，但實際上應該如何發現龍脈呢？就算找出來，是否有在該處興建住家的空間呢？

Dr.小林的風水已經超過了是否有龍脈通過的條件，是任何人都能應用的廣大範圍。也就是說，利用流經家中的龍脈，住在那兒能產生活力，住在其中的人能夠吸收到這種活力。

住家幸運區的基本

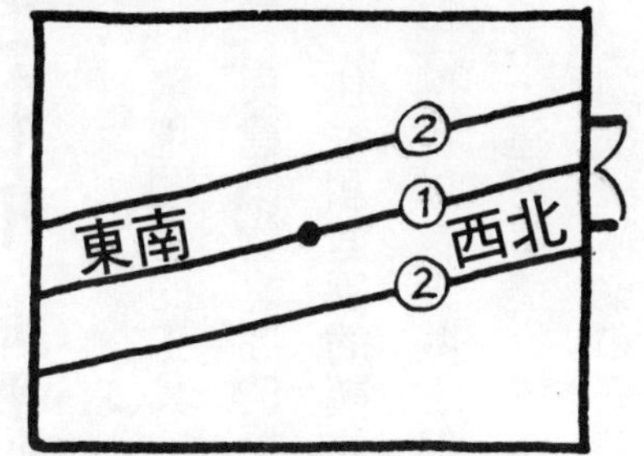

從住家玄關門的正中央開始，通過家的中心，碰到相反側牆壁為止畫線①。從線①開始左右平均畫玄關牆壁三分之一寬度的線②。在線①與②之間的就是幸運區。

庭園幸運區的基本

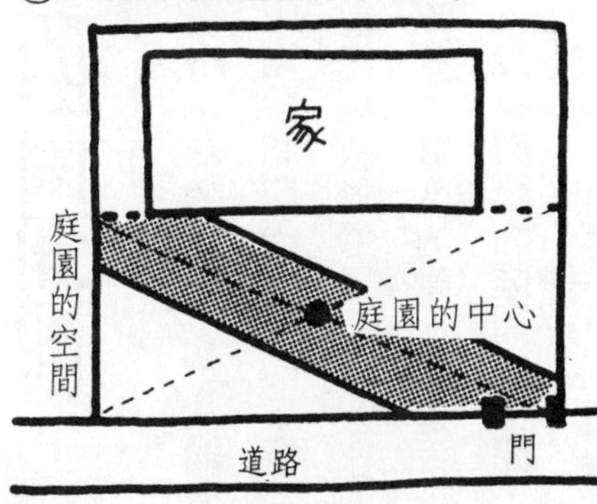

[通往庭園的入口明確時]

通往庭園的入口(例如門等)與庭園部分的中心連結的對角線通過的區域。

庭園的中心

家

住家的中心

庭園的空間

道路

[通往庭園的入口不明確時]

住家的中心與庭園的中心連結部分的區域

建物的缺點靠庭園彌補

環境開運的工具，就是Dr.小林的風水。尤其關於庭園的方位，庭園的方位、寬度、與建築物之間的平衡、圍牆和門等設計的影響都是重點。

住家和庭園的調和先前已經敘述過了，以六比四最好。若是較大的建地，庭園的比例可以較大些。但是不見得寬廣的建地就是吉相。相反地，在較小的土地興建住家，建坪率達六成時，就沒有興建大庭園的空間了。

如果說住家和庭園是開運的「幫手」，住家所具有的缺點，也就是說無法經由設計而處理的家之凶相部分，用庭園處理是最好的方法。因此，興建建物時要考慮能夠帶來吉相要素的庭園設計。

庭園是開運的空間。但是，事實上為了開運需要較大的空間。可是，就算是狹窄的空間，也可以利用風水園藝化凶為吉。

到底要進行何種植栽，到底要種什麼花，到底要進行何種園藝設計，都與吉凶

何謂建物的「陷凹」與「突出」

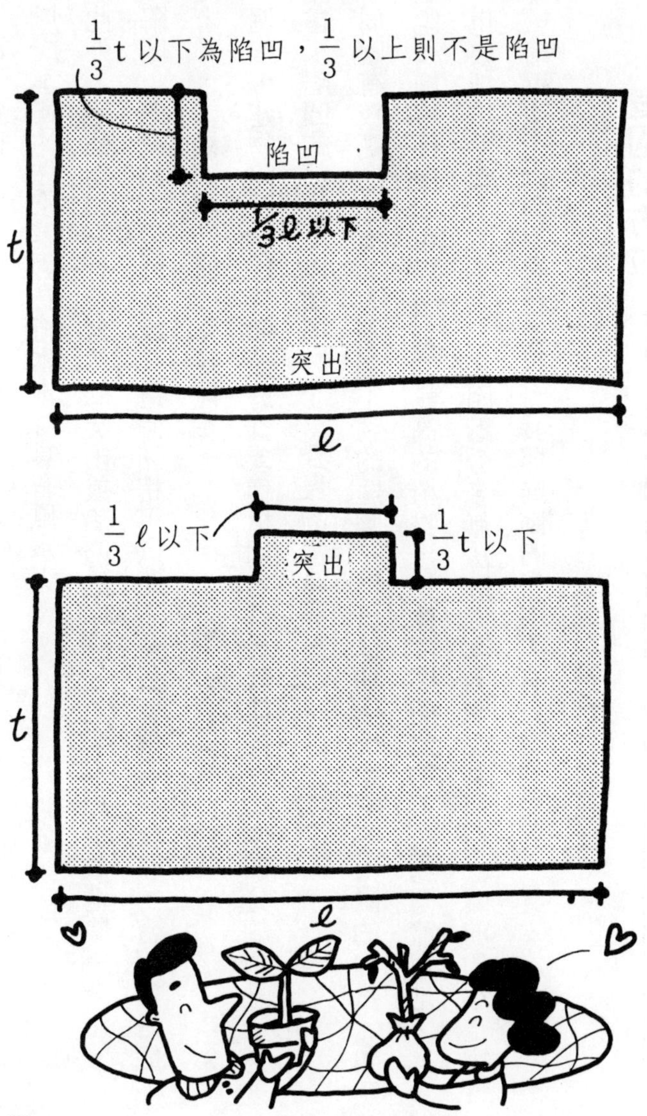

$\frac{1}{3}$t 以下為陷凹，$\frac{1}{3}$以上則不是陷凹
陷凹
$\frac{1}{3}\ell$ 以下
t
突出
ℓ
$\frac{1}{3}\ell$ 以下
$\frac{1}{3}$t 以下
突出
t
ℓ

有關，能夠轉凶為吉。整個庭園的植栽很好，有力量時，則就算建物的力量較差，也能形成幸運的住家。因為植木本身具有風水力。

此外，建築物如果有不自然的突出或陷凹的部分，也要進行植栽消除「突出」或「陷凹」的缺點。也就是說，這個凶相可以藉著盆栽或植木而緩和。吉相還是能維持吉相，如果凶相則能成為無難相。

例如，建物陷凹的部分興建庭園或種植樹木時，就能提升這個部分的力量。一般而言，陷凹的部分可以種植二～三公尺的常綠樹。

周圍有較高的建物、太陽曬不到的庭園，則可以利用植物補充太陽的力量。也就是說，種植從房中可以看到的較高的植物，好像周圍的建物被植物隱藏似地。此外，也要種植盆栽，將其固定在圍籬旁。無法取得庭園的住家，在玄關前的小走廊或外壁附近也可以利用有花的陽台發揮庭園的作用。

＊庭園的方位

從住家中心看庭園在哪個方位，使得庭園所具有的性質完全不同。例如，北側的庭園具有不會浪費力量的作用，而南方的庭園則能夠吸收才能。關於方位別庭園的力量及投緣的植物請見彩圖頁。

如果庭園跨二方位或三方位，表示具有二種或三種力量。也就是說，越是多方位，能夠由庭園吸收的力量就越多。

一般而言，方位分為東、西、南、北、東北、東南、西南、西北八個方位。北是磁北（方位磁石所指的方位），距離地圖等的北方稍微偏西處。東、西、南、北的範圍為三十度，東北、東南、西南、西北為六十度。

*正中線、四角線

正中線是指東、南、西、北的中心線，四角線則是指東北、東南、西南、西北的中心線。線上的方位力量最強，所以不要配置會降低力量的場所（一般指使用水或火的場所）。

庭園的石製洗手盆和水是同樣的東西，從住家的中心來看，絕對不要配置在正中線、四角線上。

彌補建物陷凹的植栽法

以下敘述建物陷凹時的處理方法。這是基本項目，希望各位能夠記住。

首先**北邊**陷凹，北方位力量較差的建地，會承受很大的人際關係壓力，無法將錢存下來，無法得到子息。因為運氣較差，所以如果沒有方位的問題時，可在陷凹的空間進行植栽，種植二・五公尺以上，從二樓的窗戶可以看到的樹木。北側種植常綠樹木為吉。也就是說，北側並不是能曬到太陽的方向，是冬天時有寒冷的北風吹過來的方向，因此藉此能防風。

其次是**鬼門方位**（**東北方位**）陷凹時，如果家中不安靜，或是經常覺得焦躁或家人經常爭吵時，就要種植南天竹。此外，也可以種植開白花，較大的樹木。

東側陷凹為凶相，工作運不佳，事業無法發展，而且健康面也令人不安，因此可以使用不太大的樹陰草，種植會開紅色花的植物。植木時高度為二公尺以下，當然，植栽時注意不要阻擋清晨的陽光。

東南和南側種植夏季時樹葉茂密、冬季會落葉的樹木，當然是考慮日照的問題。雖然有人說「東南或南邊種大樹，家運不繁榮」，但是這是指會遮住整個家的大樹。如果是落葉樹，冬天只剩下樹枝，當然不會阻擋陽光，所以不用擔心。

西南方陷凹的凶相，會導致家庭失和，家無法發展。這時可以種植大樹，或是在住家和圍牆平行排列樹陰草或較低矮的樹木。可以興建假山，種樹陰草和小的樹木為吉相，一般而言落葉木較好。

如果從**西邊到西北邊**陷凹而出現凶相時，表示金錢問題或與親人兄弟之間的爭執不斷，可以種植較高的二·五公尺左右的樹木，以彌補凶相。基於防止寒冷北風的想法而言，也能成為吉相。

這是一般的標準。此外，古老的大樹可以直接運用，使得土地成為吉相。

*陷凹

一般而言，陷凹是指負面的力量，突出是指正面的力量。例如建物外觀西北邊有陷凹時，則表示西北邊力量不足，東南方突出則表示充滿東南方力量的住家。但是，東北和西南的鬼門與裡鬼門能量，必須隨時保持正常，因此，即使突出也無法造成好的影響，反而會造成不好的影響。

建物也要重視陰陽調和

興建庭園時的植栽計畫之重點，就是陰陽調和。建物為陽，庭園為陰，因此具有陰陽調和。樹木也有陰木陽木之分。

但是，不見得陽木就好，陰木就不好。陽木是指較大的樹，陰木是指較小的樹，但是以風水而言，這些與幸運、吉凶等無關。

並不是說庭園不可以種一些看似不吉祥的樹木。例如木蘭是佛花，一般人認為不吉祥，但事實上並非如此。

在庭園種植接近三公尺高的樹木，則木造建築物的柱子和屋樑就能承受樹木本身的力量。此外，也能從柱子或屋樑等吸收到力量。

鋼筋水泥的建物，由於鐵和水泥是無機質（陰），而植物屬陽，陰陽調和對建物會造成好的影響。

但是，像社區等或獨門獨院的建築，作用則完全不同。不過一般而言，只要庭園和住家取得平衡，則可以藉由庭園彌補建物的缺點。

考慮陰陽調和時，也要考慮建物外牆的顏色。建物外牆如果明亮的陽的顏色，則庭園可以種植較穩定的樹木。

相反地，如果建物是灰色，就要使用自然穩定的石頭等，在設計上產生穩定感，再種一些會開鮮艷色彩的花朵，興建一個具有陽的力量的庭園。

其次是建物的高度和庭園的平衡。較高垂直的建物為陽，為了彌補陽，興建一個具有陰的庭園較為理想，需要較寬廣的庭園。

如果是橫幅較寬廣的建物，具有陰的力量，則庭園中要種植高的樹木，會形成高低差而補陽的力量。

*陽的力量、陰的力量

所謂陽的力量就是積極躍動的力量，陰的力量則是屬於精神性平靜的力量。以方位而言，東或南為陽的力量，西或北為陰的力量。

依住家空間的不同，有需要陽的力量處或陰的力量處。例如玄關是請客人進入的地方，是幸運氣的入口，因此具有躍動陽的力量。此外，為了使孩子順利成長，兒童房要有陽的力量，而老年人的寢室則需要有陰的力量較好。

＊陰木、陽木

一般的農民曆等書籍上會寫著「庭園不可以種植陰木」、「東北或西南不可以種植陰木」。

陰木是指橡樹、棕櫚、芭蕉、蘇鐵、樟樹、紫薇、石榴、葡萄等，陽木是指蘭花、牡丹、菊花、杉木、桂花、柿子樹、松樹、桃樹、竹子等。當然因各式的不同，想法也不同。但是，風水上並沒有「因為是陰木所以不能種植在庭園中」的想法。

一般而言，風水上認為陽木是較大的樹木，而陰木是比較小的樹木。此外，依顏色的不同，會開寒色系列的花是具有陰的力量，而開暖色系列的花，則具有陽的力量。

第二章

庭園隱藏的風水力

【……目的別，花的顏色……】

雞冠花　〔健康運〕紅、黃

水仙　〔金運〕黃、白

從庭園看門的吉凶

我在各種書中敘述風水的家相，經常探討門的位置對於住家而言到底在哪個方位的問題。因為龍脈的運氣是經由道路通過門進入玄關。

但是，同時探討構成庭園幸運區的龍脈時，從庭園看過來門的位置和大門外的位置也很重要。

也就是說，對於庭園而言，門的方位有吉凶。有門時庭園較容易成為吉相。

一般的庭園與門的吉凶，與家相上同樣地，已經決定了優先順位。

如果是東道路時，依序為東南、東、東北，南道路依序為東南、南、西南，西道路依序為西南、西、西北，北道路依序為東北、北、西北，以這個方式來決定門的順位。

例如，如果你家在南道路上，則東南有門時對於庭園較好。

但是，重視北方位的風水，當然北邊的庭園也不錯。在北側有庭園比較好。能穩定，透過建物能曬到夏日的太陽，而且因為順光，可以眺望庭園。

庭園與門的優先關係

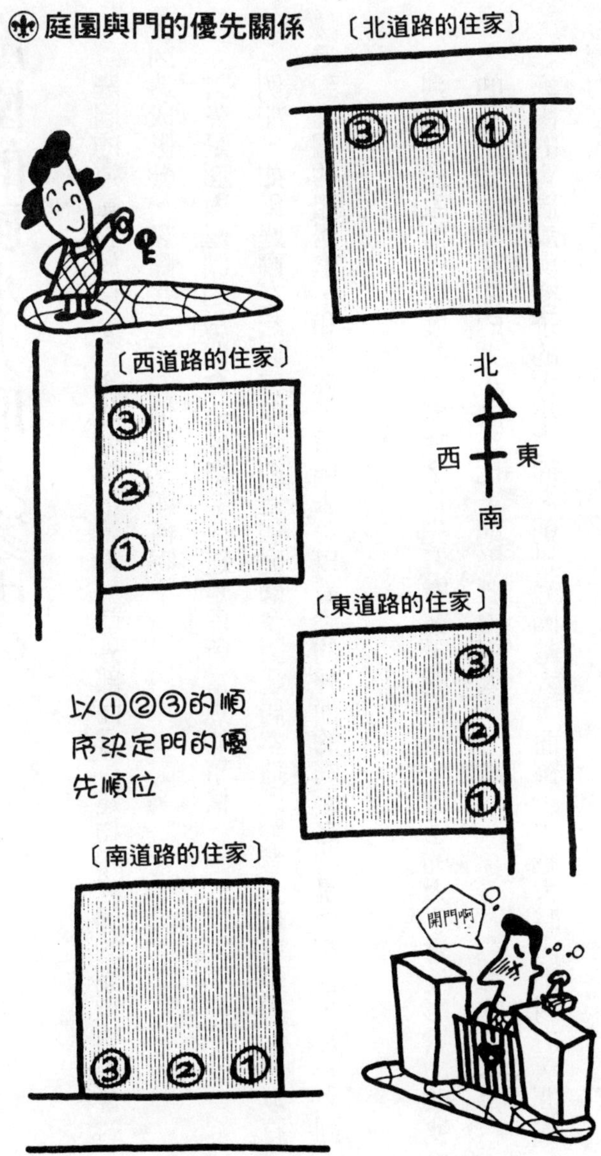
〔北道路的住家〕
③ ② ①
〔西道路的住家〕
③
②
①
北
西
東
南
〔東道路的住家〕
③
②
①
以①②③的順
序決定門的優
先順位
〔南道路的住家〕
③ ② ①
開門啊

庭園的風水力取入家中

庭園的運氣對於住家會造成何種影響呢。就外部而言，建物和庭園的調和與否會對吉凶造成影響。實際在家中的情形又如何呢？

首先是面對庭園的房間會造成影響。這是理所當然的事情。例如，如果庭園在起居室前，則這個庭園會對起居室造成影響。也就是說，可以直接看到庭園的起居室，和從窗子看出去可以看到的外面的庭園之間是否相合，是一大問題。

到底會產生何種程度的影響呢？首先考慮窗子的大小。窗子的大小會使影響力改變。大的窗子如果與房間的大小成正比，則影響力更大。

庭園的寬廣度與窗子的大小方面，則是庭園越大，而窗子也越大時，則對於房間的影響力越大。

因此，垃圾口比高窗對於庭園的影響力更大。但是即使是垃圾口，如果庭園沒有深度，甚至是鄰家手都搆得著的庭園，則影響力和高窗相同。

即使窗戶的高度相同，也就是一·八公尺的窗子時，如果庭園沒有一·八公尺的深度，則不具有影響力。因此，如果想要受到很大的影響，需要大的窗戶與大的庭園。

風水上認為，南側的窗較大，其次是東側、西側、北側。因此，北側的庭園較小也無妨。

同樣地，庭園的大小由大到小依序是南，其次為東、然後是西或北。

也就是說，只要認為窗子的大小與庭園的寬廣是相同的就可以了。若是北庭較大時，則北側要大窗。起居室和寢室也是如此。

如此一來，就能將北邊平靜的好力量吸收到房間裡。

二樓的窗戶與庭園的關係

有些住家從二樓的陽台可以看到庭園。實際上以什麼方式看到庭園才會有力量呢？也就是坐在房間的狀態從窗子看庭園的情形如何非常重要。這時必須注意不要以站在窗邊看庭園的狀態觀察。

坐在窗邊，坐在椅子上看得到庭園時，則這是擁有較大力量的庭園。但是，如果必須要走到陽台俯看下去才能看到的庭園，則庭園的力量無法到達二樓的室內。

二樓的房間和庭園的平衡，只有自然的狀態坐著看到的庭園才具有影響力。也就是說，如果不是廣大的庭園，無法造成影響力。

對二樓而言，重要的不是庭園的寬廣度，而是庭園的高度。也就是說，坐在二樓是否能看到庭園種植的樹木或圍籬等，這些都很重要。此外，陽台的設計也同樣會造成影響。

例如有大樹時，如果從二樓的窗戶打開就能看到大樹時，則這個樹對房間會造成影響。如果因為這棵樹而使房間的太陽被擋住時，就表示有影響力了。如果連風都擋住時，也會造成影響。

也就是說，二樓的房間與庭園的風水調和，與從二樓的窗戶可以看得到的樹木的影響力有關。

也許很多人會覺得失望。但是大致而言，可以從樓下的庭園(看不到的庭園)吸收到三分之一的力量，所以請各位安心。

二樓的窗戶與庭園的力量

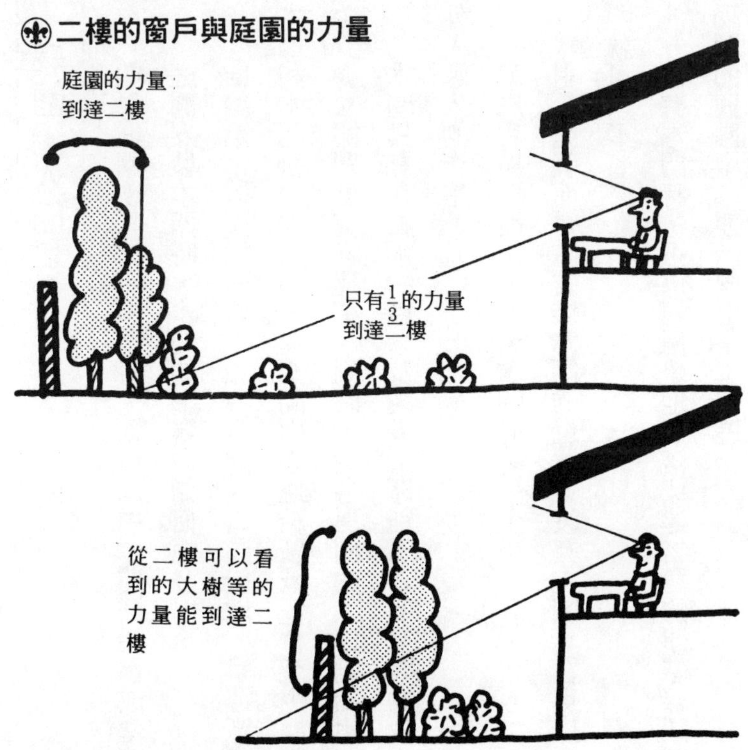

庭園的幸運區的運用

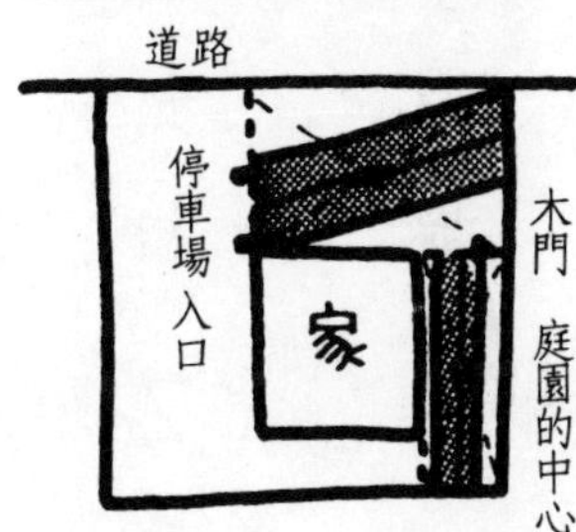

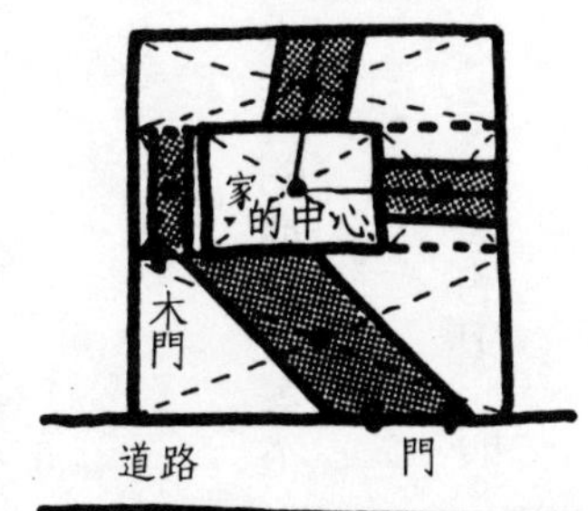

庭園出入口

如果庭園出入口有木門時，則可以由木門開始構成幸運區、龍脈。

庭園安裝木門時，木門的影響力如何呢？

結論是，以家相而言，和各房間入口同樣地，幸運區是由木門構成的。也就是說，木門和木門所隔出來的庭園空間中心連結區域，會產生龍脈。

從玄關開始有幸運區，同時，從各房間的入口開始也有幸運區。

木門具有在風水的觀念及視覺上區別出一個空間的效用，同時也具有防止貓、狗或外人進入的作用。

就風水觀念而言，安裝木門能夠發生小空間。

對於庭園而言，安裝木門的位置並沒有吉凶。在可以巧妙構成幸運區的地方安裝木門就可以了。

沒有木門時，可以利用建地角落或建物角的連結線隔開庭園區，這時住家的中心與隔開的庭園中心連結線上是幸運區。

大廈可以活用陽台

陽台的幸運區

大廈中雖然沒有個人的庭園，但是有很多共有部分。例如玄關前的走廊、大廳或共用庭等。

一樓也有專用庭，這時就和獨門獨院的建物一樣，從窗戶可以看到庭園也具有好的作用。但是，大廈的專用庭大都沒有出入口。庭園的幸運區是住家中心與庭園中心連結區域，如果是大廈時，專用庭園的幸運區則是在專用庭的中心與住家中心的連結區域上。

一樓沒有專用庭時，大都是成為陽台。陽台也可以當成庭園。同樣的，玄關前的中空通路也可以當成庭園。

如果是社區時，有泥土的部分不能當做庭園，在自己專用的空間中，確定住家中心必要的空間以外可以當成庭園。也就是說，除外的陽台或凸窗等可以當成庭園。

陽台可以用來建造花園，但是枯葉會阻塞排水口，盆栽落下會造成災害等，因此必須注意。

陽台是經過強度計算而設計的，因此太重的東西，或是容易倒下的較高的東西不可以放置。此外，陽台本身大都是逃身路，因此在此處進行植栽必須注意不可以阻礙逃生口。

大廈等的幸運區

家的中心(住宅部分的中心)與庭園的中心（陽台＋專用庭的中心）連結的區域

通路

家的中心

陽台

家以外的庭園中心

專用庭

不阻礙逃生口，構造上也保持安全，而且花了一些工夫防止植物掉落，就可以進行風水設計了。

陽台的活用術

東側的陽台視為東側的庭園，南側的陽台視為南側的庭園。所以可以利用Dr.小林的風水園藝，自由地召喚幸運。

沒有庭園時，有陽台也可以，擺設盆栽也具有同樣的效果。住在公寓大廈的人在陽台上擺設盆栽，是很好的方法。

在都會鋼筋水泥圍繞的住宅中，利用少許空地進行植栽，能使陰陽調和。

住在大廈等集合住宅的人，可以活用陽台。住在較高建物內的人，因為離地面較遠，所以缺乏來自泥土或植物所具有的能量。所以在陽台裝飾花和植物也不錯。有空間的話，可在此放些桌椅，在此喝喝茶放鬆自我。對於容易疲勞的人而言效果超群。

陽台的風水園藝

只要放置一盆觀葉植物，就能使整個房間的氣氛變得很好，而且成為吉相。不只是室內，在玄關前或陽台的植栽也可以使用盆栽。

最近因為電視的報導，園藝增加了，我有一位朋友非常了解園藝。我經常一邊工作一邊參考他的做法。他非常懂得配色，不只是喜好而已，我覺得他的感覺非常好。

從家的中心看陽台在哪一個方位，可以決定要種何種植物，大小如何，這些和庭園的想法是相同的。但是防風對策、落葉會不會阻塞陽台的排水孔等，這些問題都必須要考慮。

陽台如果能種植四季盛開的花朵當然最好，但實際上不太可能。為了努力接近這種狀態的力量，可以考慮從自己的房間看來陽台在哪個位置而處理。

如果在東側時，則種白色或藍色、紅色的花。如果希望提升工作方面的好運，則種藍色的花，如果希望健康則多種紅色的花。

如果在西側時，則種植黃色、粉紅色或白色的花。損失大量金錢而感到煩惱時，最好加入一些藍色的花。

如果在南側時，要擺觀葉植物，或種植白色、紅色、橘色的花。

如果在北側時，則種白色、粉紅色或橘色的花。今年開始可以使用酒紅色系列。不僅可以欣賞，而且可以提升房間的力量。

室內也可以吸收風水力

大廈等沒有庭園或陽台時，將觀葉植物擺在家中，也可以在室內構成與庭園同樣的空間。也就是說，從房間的中心看來從哪一個方位擺設植物，例如從中心看來，擺在東方位則是東側的庭園，擺在南方位則是南側的庭園。

風水將家視為大花瓶，也可以考慮為一種庭園。是可以孕育自然花或樹木的空間。

因此，不論室內或庭園，風水的做法是相同的。以庭園而言具有自然的力量，所以擁有比室內更多的力量。

園藝與方位的吉凶

進行園藝設計時，首先要從自己住家的中心看庭園到底在哪一個方位。如果在八方位中橫跨二、三個方位時，則與室內設計一樣，以方位別考量即可。

孩子時代挖洞埋死去的小鳥，當天晚上下痢、發高燒。父親問我「你做了什麼事」時，告知詳情後，父親說是方位做祟。從此開始，我就知道不能隨便挖洞。建築的基本工程要挖更大的洞，因此，必須充分注意方位的問題。

一般而言，建立庭園時，就風水的觀點而言，不可以在這一年的凶方位挖洞，這一點非常重要。

從家的中心來看，如果在凶方位挖洞，即使種植美麗的樹木，或是庭園很美麗，結果家運會不斷低落。不僅如此，甚至你和家人會像我一樣發燒、體調不好。

例如一九九七年時，家的中心看來在正東、正西、西南的方位挖洞植栽則為凶。如果挖三十公分以上的洞進行植栽，會產生凶作用。

年別・不可以興建庭園的方位

★但是，1 年是從立春到節分為止。例如 1998 年則是指從 1998 年的節分到 1999 年 2 月的立春為止的時期。

西元 1997年	北	東北	東	東南	南	西南	西	西北
一白水星	吉	吉	×	吉	吉	×	×	吉
二黑土星	吉	吉	×	×	吉	×	×	吉
三碧木星	吉	吉	×	吉	吉	×	×	吉
四綠木星	吉	吉	×	吉	吉	×	×	×
五黃土星	吉	吉	×	吉	吉	×	×	吉
六白金星	吉	×	×	吉	吉	×	×	吉
七赤金星	吉	吉	×	吉	×	×	×	吉
八白土星	×	吉	×	吉	吉	×	×	吉
九紫火星	吉	吉	×	吉	吉	×	×	吉

西元 2000年	北	東北	東	東南	南	西南	西	西北
一白水星	×	吉	吉	吉	×	吉	吉	×
二黑土星	×	吉	吉	吉	×	吉	×	×
三碧木星	×	×	吉	吉	×	吉	吉	×
四綠木星	×	吉	吉	吉	×	吉	吉	×
五黃土星	×	吉	吉	吉	×	吉	吉	×
六白金星	×	吉	吉	吉	×	×	吉	×
七赤金星	×	吉	×	吉	×	吉	吉	×
八白土星	×	吉	吉	×	×	吉	吉	×
九紫火星	×	吉	吉	吉	×	吉	吉	×

西元 1998年	北	東北	東	東南	南	西南	西	西北
一白水星	吉	×	吉	×	吉	×	吉	吉
二黑土星	吉	×	吉	吉	吉	×	吉	吉
三碧木星	吉	×	吉	吉	吉	×	吉	×
四綠木星	吉	×	吉	吉	吉	×	×	吉
五黃土星	吉	×	吉	吉	吉	×	吉	吉
六白金星	吉	×	吉	吉	×	×	吉	吉
七赤金星	×	×	吉	吉	吉	×	吉	吉
八白土星	吉	×	吉	吉	吉	×	吉	吉
九紫火星	吉	×	×	吉	吉	×	吉	吉

西元 2001年	北	東北	東	東南	南	西南	西	西北
一白水星	吉	×	吉	吉	吉	×	×	×
二黑土星	吉	×	吉	吉	吉	×	吉	×
三碧木星	吉	×	吉	吉	×	×	吉	×
四綠木星	×	×	吉	吉	吉	×	吉	×
五黃土星	吉	×	吉	吉	吉	×	吉	×
六白金星	吉	×	×	吉	吉	×	吉	×
七赤金星	吉	×	吉	×	吉	×	吉	×
八白土星	吉	×	吉	吉	吉	×	吉	×
九紫火星	吉	×	吉	吉	吉	×	吉	×

西元 1999年	北	東北	東	東南	南	西南	西	西北
一白水星	×	吉	吉	吉	×	吉	×	吉
二黑土星	×	吉	吉	吉	×	吉	×	×
三碧木星	×	吉	吉	吉	×	吉	×	吉
四綠木星	×	×	吉	吉	×	吉	×	吉
五黃土星	×	吉	吉	吉	×	吉	×	吉
六白金星	×	吉	吉	吉	×	吉	×	吉
七赤金星	×	吉	吉	吉	×	×	×	吉
八白土星	×	吉	×	吉	×	吉	×	吉
九紫火星	×	吉	吉	×	×	吉	×	吉

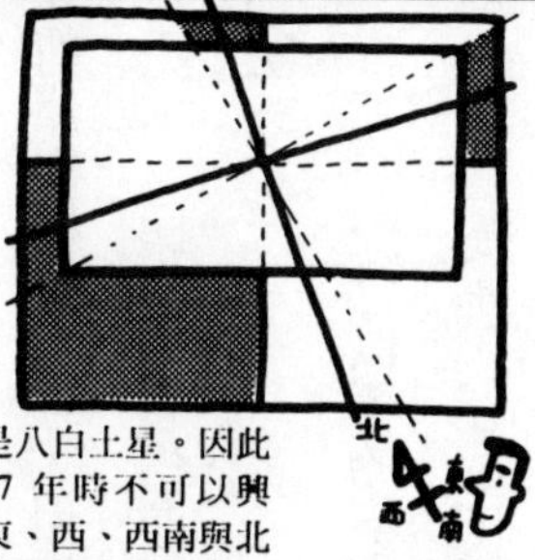

我是八白土星。因此 1997 年時不可以興建東、西、西南與北（斜線部分）的庭園

這個方位可以種小花，但是這時必須利用米、粗鹽和酒、小淨化土地，然後在這個方位進行植栽。

此外，對於在這個方位的植木進行修剪或砍掉樹木時，會產生方位的凶作用。如果要修剪樹枝，利用冬天進行較好。

東方有大樹時，朝陽無法進入家中，因此一定要剪掉樹枝和樹葉，但是不可以隨便剪掉庭木，樹木是有生命的，所以要先做「法」才行。

方法是，直徑十公分以下的樹木，則用鹽、水和酒淨化樹木，在心中默念「趨吉避凶」，然後用鋸子鋸斷樹木。

但是如果是更大的樹木，就必須要請神職人員或僧侶來做「法」了。

此外，不可以留下任何殘株或樹根。

砍斷樹木不要選擇枝葉茂密的時期，而要選擇落葉時期較好。

如果新蓋好的房子，在一百天以內不會產生凶方位作用，但是還是要小心從事。

另外還要記住，五、六年內都不可以更動庭園的方位。此外，家人的出生年也會出現吉凶。所以必須全家人都要考慮在內才行。

例如，我生於一九四七年，為八白土星，妻子和我同年，所以今年不可以更動東、西、西南以及北邊的庭園。

此外，優天時不可以動土。一年有四次優天。分別在二月立春、五月立夏、八月立秋、十一月立冬前的十八天時。

與本命星相合之庭園的方位

與前項相反的，就是你的生年的吉方位。例如八白的我是東北方位等。如果能夠找出與生年相合的方位，建立吉相庭園，就能得到幸福。

本命星為一白的人，吉方位在北，二黑的人在西南，三碧的人在東，四綠的人在東南，五黃的人在東北與西南，六白的人在西北、七紅的人在西，八白的人在東北，九紫的人在南方位，種植相合的樹木，就能夠形成吉相的庭園。

此外，在這個方位興建水池時，就風水而言並不好。積水的水池在方位上必須多注意。以下稍微探討水池。

池在家相學上視為「凶」，但是我的父親卻告訴我，在庭園興建水池時，一邊興建一邊以好像看到海（把池當成海）的感覺似地，將池做得大些。對於重視格的家相而言，這種奢侈的做法多少有點奇怪。

在庭園建水池，真的會產生凶作用嗎？

◎與出生年相合的方位的庭園

九紫火星	八白土星	七赤金星	六白金星	五黃土星	四綠木星	三碧木星	二黑土星	一白水星	本命星
1928 辰	1929 巳	1921 酉	1922 戌	1923 亥	1924 子	1925 丑	1926 寅	1927 卯	・出生年
1937 丑	1938 寅	1930 午	1931 未	1932 申	1933 酉	1934 戌	1935 亥	1936 子	
1946 戌	1947 亥	1939 卯	1940 辰	1941 巳	1942 午	1943 未	1944 申	1945 酉	
1955 未	1956 申	1948 子	1949 丑	1950 寅	1951 卯	1952 辰	1953 巳	1954 午	
1964 辰	1965 巳	1957 酉	1958 戌	1959 亥	1960 子	1961 丑	1962 寅	1963 卯	
1973 丑	1974 寅	1966 午	1967 未	1968 申	1969 酉	1970 戌	1971 亥	1972 子	
1982 戌	1983 亥	1975 卯	1976 辰	1977 巳	1978 午	1979 未	1980 申	1981 酉	
1991 未	1992 申	1984 子	1985 丑	1986 寅	1987 卯	1988 辰	1989 巳	1990 午	
2000 辰	2001 巳	1993 酉	1994 戌	1995 亥	1996 子	1997 丑	1998 寅	1999 卯	
南	東北	西	西北	東北、西南	東南	東	西南	北	吉方位庭園

※本命星的 1 年是指立春到節分為止

例如從住家看來，在正南邊建水池，會罹患血壓病等說法經常出現，因此，有人就算想建造水池也不敢進行。但是也有人說，就在水池附近建祠或廟就可以了……，但是根本沒有這回事。

事實上，夏天時高溫多濕、容易發霉的居住環境，如果再加上積水的水池，會使宅邸產生濕氣。此外，如果建物地下的泥土不乾淨時，則建物會受損，床具易發霉，人容易罹患疾病。所以，在庭園中建水池，就家相上而言並不好。

可是，只要注意以下的事項，雖然不能完全去除凶作用，但是還是可以遏止到某種程度。

①讓水循環或保持流動，不會腐臭。

②充分進行防水處理，防止因為漏水而使土地沾到濕氣。

③距離建物九公尺以上，限制在庭園面積的五十分之一以下。

④不可以發生兒童掉落池中的意外事故。

⑤從家的中心看來，四正中線上及鬼門線上不可以配置水池。

雖然在方位上不談枯山水，但是關於會蓄水的石製洗手盆，不論大小，都不能擺在正中線或四角線上。尤其不能擺在正南或西方。

利用植木防止凶作用的方法

植栽理論之一，就是在建物的角落種植樹木的方法。這是因為建物的角落都安裝了雨水用的落水管，為了不讓別人看見，因此種植樹木，使外觀看起來美麗些。但是就風水而言，是避免將自己建物所發出的凶意撒到別人的家去。

建立家園、城鎮時，穩定建物之間的力量非常重要。如果住家興建在道路彎曲的土地上，則建物的角會朝向別人家的方向。當然，角也可能朝向別人家。

這時，你家對於別人家就會產生凶的力量。

此時，在你家的角落種植樹木，也就是利用樹木隱藏角，則凶意的力量不會傳到別人家去。

相反地，當對方家的角朝向自己時，對方家的凶意自然就會進入你家中。這時，你必須在你家的庭園對著對方家角的部分種植常綠樹。當然，別人家也不是故意這麼做的，但是，如果在自然環境下可以藉由種植樹木，防止來自別人家的凶意。

此外，如果和道路對面的住家或兩鄰，以及後面的住家人際關係不好時，可以種植常綠樹或有香氣的樹木。具有消除人際關係壓力的效果。

香港中國銀行的建物為三角形，而其角朝向的方向經常引起糾紛。結果發生糾紛的建物所有人，在那個方位設置鏡子，種植柳樹，於是消除了糾紛。興建庭園時，可以應用這種自古流傳的方法。

庭園所具有的一個作用，就是避免自家的凶意（不好的部分）波及他人。

第三章

開運的風水園藝

【……目的別，花的顏色……】

菊花　　海芋

(金運)黃、白　(金運)黃、白

利用花壇召喚幸運的方法

花壇不管興建在哪一個方位都是「吉」

近年來興建花壇的人增加了。當然，歐式庭園的流行也是原因之一，各種花盛開的確非常可愛。興建花壇一定要有庭園，但是關於花壇的方位，並沒有什麼吉凶可言，也就是說，種植花的方位都不是凶方位。

風水有句格言，認為「植木防難，花隱難」，也就是說，不論在任何方位興建花壇，都不會產生凶作用。如果相合的花壇則能增強吉的作用。

從風水的觀點看花壇的形狀

首先是圓形花壇。在建物南側興建圓形花壇時，興建二個。在西北側時則可以建一個稍大的花壇，即為吉相。西邊庭園的圓形花壇具有吉的作用。如果庭園廣大，在庭園正中央做花壇，或在玄關前的走廊做圓形花壇。花的顏色要選擇相合的顏色。

圓形花壇的特徵，就是不管從哪個方向看，都是相同的，而且正中央看起來像山一樣。如果其周圍還有空間時，就特別有效了。如果庭園廣大比較好。邊緣方面，日式花壇使用自然石，西式花壇則使用磚塊或小的木柵圍繞起來。

沿著樹立在與鄰地交界處的圍籬興建花壇時，則圍籬側要種植較高的花，而前方則種較低矮的花。不管庭園狹窄或寬廣，都能興建花壇。此外，也有人採取圍繞樹木周圍建花壇的作法。

其次是方形，也就是正方形或長方形的花壇，可以建在庭園或玄關的門口。朝向東或東北、東南庭園的形狀較好。東邊的話周圍種紅花，東北則種白花，東南種橘色的花，更能提升力量。

好像隔開玄關前門口的細長花壇是帶狀花壇。在玄關和庭園交界處做花壇，反覆使用白色與粉紅色、白色與紅色、紅色與藍色等的花，形成一定的條紋，具有提升人際關係的作用。

即使沒有花壇，低矮的印度杜鵑花或杜鵑花等，形成大門前和庭園的交界，此外

◎用花壇召喚幸運的方法

圓形花壇

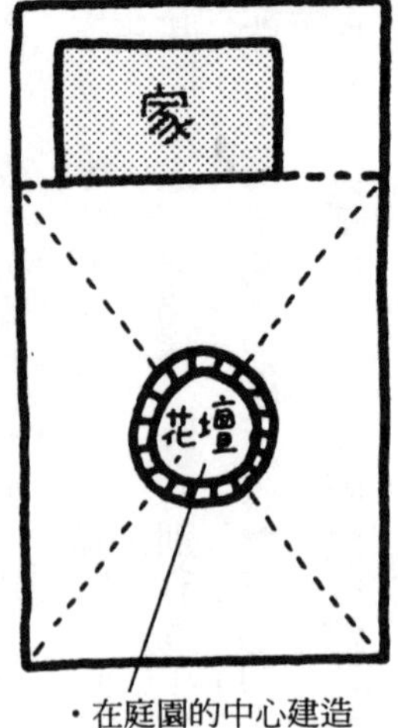

・在庭園的中心建造廣大的庭園

・玄關前設置圓形花壇，圍繞周圍

・庭園的西北建造一個稍大的花壇（如果西北邊庭園有空間時，可以建造一個較大的花壇）

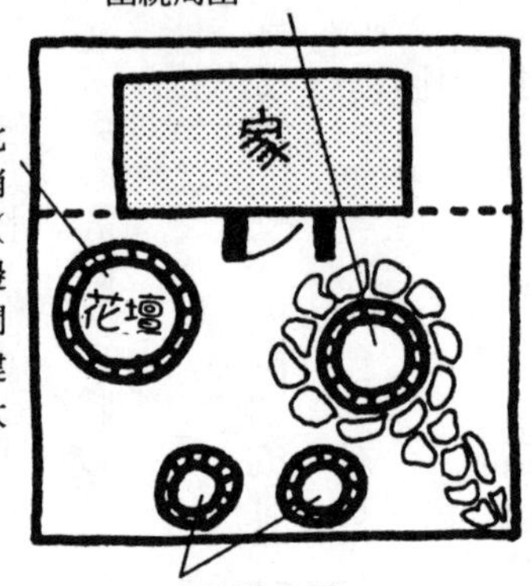

・南邊做二個

・日式花壇邊緣用自然石，西式則使用磚塊或是小的木柵。

帶狀花壇

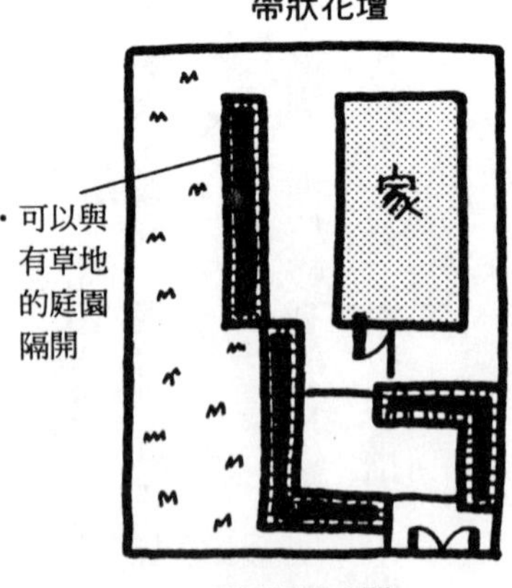

・可以與有草地的庭園隔開

・可以隔開玄關、停車位或長廊

方形花壇

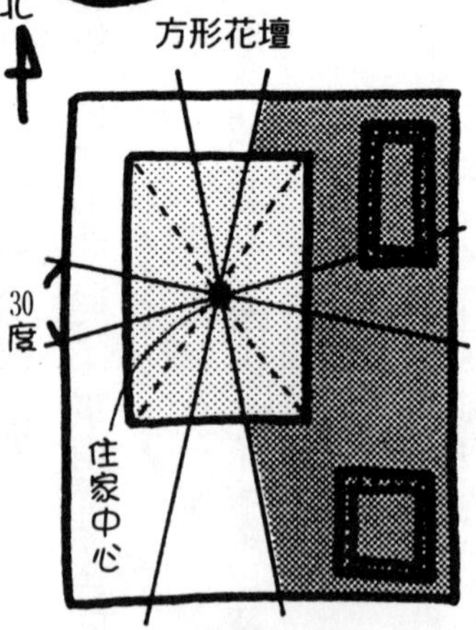

・方形花壇與東北、東、東南斜線部分)的庭園相合

，種植在圍籬邊，開花的時期非常美麗。而且，有葉子時就算不興建花壇，也能成為交界，對風水而言為吉。

種植的内容也要重視喜好

實際做花壇時，首先必須考慮自宅庭園的寬度。忽略庭園的寬度而決定種植的樹木，或進行園藝的企畫等，即使是風水園藝，也無法產生效果。

知道寬度之後，其次要確立印象。是要以樹木為主興建庭園，還是要以盛開的美麗花朵為主而興建庭園，或是以石頭和草皮等樹陰草為主而興建庭園，必須事先決定。和方位的相合性及建物的相合性，及個人的好惡、希望從庭園吸收到哪些運氣等，都很重要。當然，與建物的調和也很重要。在庭園中種植自己喜歡的植物是非常重要的要素，首先就以自己喜歡的庭園為目標而考慮。

可以簡單地畫藍圖。只要畫本書所介紹的藍圖就足夠了。

除了露天栽植、容器栽植以外，還有利用吊籃、架子的栽植方法。可以考慮適合自己庭園的形式。

◎庭園計畫簡圖

南側的庭園
北
倉庫
竹子
杜鵑花
山茶
山茶
馬醉木
楓樹
長梗冬青
日本黃楊
細葉冬青
沿階草
停車位
樹籬（茶梅）
楓樹
草地
針葉樹
花葉莢
花葉莢
灌木
踏腳石
（貼花崗石）
長廊
木門
車庫
丹桂
竹籬
櫟樹
門扉
（貼瓷磚）
紫羅蘭
木籬
長梗冬青
細葉冬青
印度杜鵑花
日本黃楊
樹籬（日本黃楊）
楓樹
石榴
楓樹
杉木
黑松
杜鵑
細葉冬青
南天竹
松樹
門扉
硃砂根
紅淡比
停車門廊
松樹
竹子
燈籠
陽台（石頭堆成）
舖小石頭
踏腳石
鈴蘭
北側＋南側的庭園
北
紫羅蘭
鬱金香
花壇
平台

招福季節及花的風水

花有季節性。因此因季節的不同，你的庭園到底要盛開何種花朵也很重要。在此為各位探討風水上興建吉相庭園時的想法，以及開花時的基本話題。

首先，依季節不同，能夠依序開花的植物比較理想。像春天開梅花、桃花、櫻花，還有印度杜鵑花、杜鵑花、鈴蘭、花茱萸、繡球花……，光是想想就令人很快樂。

選擇具有季節感的花比較好，產生一種自然的規律感。可以開闢家庭菜園，種植一些花草或蔬菜也不錯。能夠感受到與地球的一體感，也能得到心靈的平和。

我的事務所有柿樹。柿樹在冬季時會落葉，春天冒出新芽、秋天結紅色的果實。此外，還有木蘭、赤莢香槐、山茶等。

初春時最早盛開的是山茶花，到了春天時可以開出幾朵山茶花。石製洗手盆旁，紅色的花映在水中，非常美麗。

白色的木蘭在三月到四月時開花。有人認為木蘭是佛花，但是我並不這麼想。赤莢香槐在五月盛開。到了秋天，柿子結果。

工作時看到這種庭園，因此也希望在自宅中，春天有盛開的花朵，這是建造庭園的重點。

首先，種植充滿香氣的瑞香。瑞香長得非常大，到了春天時充滿了芬芳。我很喜歡梅花，在南邊種植一對白梅與紅梅。四～五月時，印度杜鵑花、杜鵑花及鈴蘭陸續盛開，花茱萸也盛開，梔子花盛開，直到夏天為止，建立一個熱鬧的庭園是我的夢想。

建立這種庭園的理由，因為我的個性比較急躁，希望從春天開始就能充滿幹勁，很有元氣地工作。

如果種植盆栽，可以種木芙蓉、鬱金香等，使花朵盛開。

會開紅色與白色的花，紅白相映、可喜可賀。此外，就九星而言，生於八白年的我和妻子，白色是和我們相合的顏色。此外，女兒也長大了，想在東南方種粉紅色的花，到九六年為止，東南方位並不好，一定要避免動工。

此外，也種植南天竹和砵砂根。從事神職的工作，因而在庭園栽培紅淡比。

就風水而言，庭園是「為了完成自己的夢想而建造的」。配合各種花開的時期，思考目的別的夢想庭園建造法及花的種植法。以下略為說明各種花所具有的顏色意義。

黃色的花

側金盞花、小金盞花、菊花、小波斯菊、棣棠花、連翹、金雀花、迎春花、金絲梅、日本蠟瓣花、蠟梅。

我近年來提倡「西邊為黃色能提升金運」的說法，現在非常有名，似乎已經成為國內的常識了。九七年之後雖然經濟不景氣，但是「不可以離開這個顏色」。我的提升金運著書『Dr.小林的風水財運書』的封面，就是黃色的。看過本書的人一定要把書放在房間的西邊。

令人眩目的金黃色的花，是能夠召喚幸運的花。金黃色比黃色更好，因為金黃色是稻穗的顏色。

以前米被視為財產的象徵，具有和金錢相等的價值，也就是說，稻穗為金黃色，是金運的顏色。從淡黃色到接近橘色的黃色等，總之，黃色花都是提升金運的花。與西、西南、東北方位相合。

綠色的葉子或植木

綠色是使精神安定的顏色。是安全的顏色。同時具有再生的力量。綠色是葉的顏色。表示青翠植物的顏色。

田園最好設在日照良好的南方位。古人會在住家南方開窗，看到作物青翠的田園，會產生安心感。

我建議各位在房間南邊擺觀葉植物。為了讓「南邊菜園」的印象在房間內再現。綠色具有再生的力量，因此與任何方位都相合，可以安心。

紅花

孤挺花、木芙蓉、牡丹、芍藥、杜鵑花、夾竹桃、雞冠花、一串紅、大麗花、雛菊、燈籠花。

紅色是旭日的顏色。一天開始的早晨充滿活力，是生命的開始與元氣的根源。看到紅色就會產生元氣。

此外，雖然和北方、西方相合，但是南方如果種植大量紅色的花，會過於興奮，必須注意。

沒有元氣的孩子如果可看到窗戶庭園或陽台上的紅花，就能產生效果、充滿元氣。

茶色

茶色是土色。土具有二種作用。一種是孕育植物，而另一種只要看土葬的例子就知道，就是隱藏東西的作用。

因此，茶色可以培育夢想、幫助成長，相反地，也是不會強烈主張自我的「維持現狀」的顏色。

表土乾淨的庭園，讓人感覺平靜及有光明的未來。我在自宅西南面的庭園維持表土狀，就是希望得到平靜。表土與設計不同，與任何方位都沒有是否相合的吉凶問題。沒有雜草的表土，是吉相庭園的條件之一。

藍色花

飛燕草、洋牡丹、黑種草、矢車菊。

藍色是水的顏色。水是孕育生物的顏色。是使人放鬆的顏色。容易焦躁的人，希望精神穩定的人，可以使用藍色的花。

水是一種「溶劑」，具有使事物同化的力量。但是也可以說是沒個性化，也就是培養協調性的顏色，在太陽之下會出現美麗的顏色，表現出堅強的意志。

在東南方位和粉紅色或紅色花一起盛開，就會產生「決定的人選」、「這個人比較好」的力量。但是，如果在西邊的庭園開太多時，會缺錢，一定要注意這一點。所以平常會浪費金錢的人，在西邊的庭園少種一些就可以了。

與北、東北、東南、南等各方位相合。但是最好在東邊的庭園種植較好。

白花

百合、菊花、瑪格麗特、滿天星、鈴蘭、水仙。

植物剛發芽時不是綠色，而是白色的。

因此，白色是指剛出生、發芽的顏色。

此外，白色可以和所有的顏色融合，也可以說是表現純樸自我的顏色。

和各種豪華的花搭配，都不失調和的白花，不具有自我主張，但是盛開時卻令人想要靠近它，稱讚它。

在自宅東南方窗下，盛開著鈴蘭，這是我最喜歡的花。當花散落時，我會說「希望你明年還要努力地盛開哦」。

和任何方位的庭園都相合。但是最好在鬼門種白花。戀愛運無法上升的人，可以在東南方種白花。

粉紅色的花

秋海棠、大波斯菊、香豌花、秋水仙、雛菊、櫻草、風信子、櫻花。

粉紅色是對於戀愛和人際關係有效的花。

粉紅色是在春天到夏天盛開的花的顏色，是事物結果的顏色，具有結合男女的力量。

粉紅色也代表羞怯的顏色，是性感的顏色。

因此，想要戀人的人或是現在寂寞的人，可多利用粉紅色的花。

在東南方位盛開，對戀愛有效，但是寂寞的人則最好擺在北方，北方具有子息的效果，與西方也相合。

廚房在西方的人，在西方的空地種植粉紅色的花，可以從太喜歡玩的性格或浪費的性格中解放出來。如果想要熱情的戀愛，可以種一些深粉紅色的花。

橘色的花

大花美人蕉、花菱草。

二十～二十一世紀初期具有力量的顏色。想要逃離討厭的事物或環境，或是想外出旅行清淨一下時有效。可以在北、東南、南方的庭園中。建議現在倒霉的人種植橘色花。

米黃色、奶油色的花

黃蜀葵、木芙蓉、金魚草。

米黃色或奶油色可以說是適合任何狀況的顏色。不需要挑選場所。因為和年長者相處而感到煩惱的人可以使用。在心理方面也可以給予平靜的花，最好種在西南、西方、西北方的庭園中，對於身心健康都有效。如果混合白花一起盛開，色彩更鮮艷。

紫色的花

愛麗絲、香水草、桔梗、風輪草、聚鈴花、鐵線蓮、洋牡丹、路單利草、矢車菊。

蓮花的顏色。蓮花是佛祖所坐的花，所以紫色具有宗教、高貴等力量。我在洛杉磯看到紫色的百子蓮，後來就一直喜歡這種紫色的花。

想要確認自己的心情時，或是希望再往上爬時，可在南方的庭園種紫色花。整株種植更能提升力量。

和東方、南方、西南方相合。尤其西南方對於責任較重、壓力較多、容易受騙的人有效。

方位與顏色

以下介紹方位與相合花的顏色。

北——黑、灰、白、粉紅、橘、酒紅、藍。

東北——紅、黃、米黃、白、藍。

東——紅、藍、紫、白。

東南——橘、綠、米黃、紅、白、粉紅、藍。

南——紫、綠、米黃、紅、白、橘、藍。

西南——紫、綠、灰、黑、黃、白、茶、米黃。

西——黃、粉紅、紅、白、茶、米黃、藍。

西北——米黃、黃、紅、白、茶。

以上探討了花的顏色所具有的力量，以及和方位的相合性。必須確認陽台及庭園的方位，檢查現狀。

目的別、開運園藝術

以下就目的別，說明什麼顏色的花在哪個時期盛開於你的庭園比較好的概要。這才是風水開運園藝的真髓。

健康運

重視健康，想要建造庭園時，必須考慮會在一月、五月、九月盛開的花朵。顏色以紅色為主。白、黃色都可以。黃色對於因便秘而煩惱的人特別有效。場所是東側的庭園，或距庭園中心的東方。

例如一月盛開的花，水仙花是白色的花。聖誕薔薇也是白色的花，具有放鬆效果。紅花可以使用雛菊。側金盞花能帶來福氣，以風水的觀點來看，對於健康面也很好。

五月可以使用白頭翁或孤挺花。非洲菊能夠長期開花，所以也可以。金魚草、白色芍藥也不錯。大家熟悉的鬱金香有紅色和黃色。五月盛開紅色薔薇的花園能帶來健康

◎健康運的園藝時期

花期——1月、5月、9月
顏色——紅、白、黃

	顏　色	1	2	3	4	5	6	7	8	9	10	11	12
水仙	白、黃												
聖誕薔薇	白												
雛菊	紅、白												
側金盞花	白、黃												
白頭翁	紅												
孤挺花	紅、白												
非洲菊	紅、白、黃												
金魚草	紅、黃												
芍藥	紅、白												
鬱金香	紅、黃												
玫瑰	紅、白、黃												
一串紅	紅、白												
雞冠花	紅、黃												
唐昌蒲	紅、黃												
金色瑪麗	黃(金黃色)、紅、白												
蘇丹鳳仙花	紅、白												

開花時期　播種時期

運。

九月開的花有紅色的一串紅、雞冠花、唐菖蒲。對於健康的花園而言是不可或缺的。

財運和不動產運

想要錢的人或是希望提升不動產運的人，重點是選擇會在二月、六月、八月、十一月開花的植物。

金錢就是黃色。此外，白色和藍色系列的花也很重要，重點是要多使用黃色的花。如果多使用藍色或白色的花，無法提升金運。在西側的庭園種植這些花就可以了。

水仙有白色和黃色。開花比較早的紫羅蘭或藏紅花，選擇黃色的也可以。非洲菊或小金盞花也可以。胡枝子、黃色的金魚草或淡藍色的草櫻都不錯。藍色的洋牡丹與白色、黃色的花一起種則為大吉。黃色的鬱金香或瑪格麗特也不錯。毛茛花對於金運也不錯。

六月、八月提升金運時會開的黃色花代表有錦雞菊。有彩色的也有黃色的。金色瑪麗和向日葵也是黃色的。向日葵是非常氣派的花，大朵又持久。當然可以帶來財運。黃色百合搭配白色與藍色的花也不錯。

◎財運、不動產運的園藝時期

花期——2月、6月、8月、11月
顏色——黃、白、藍

	顏　色	1	2	3	4	5	6	7	8	9	10	11	12
水仙	黃、白		☼										
紫羅蘭	黃		☼									☼	
藏紅花	黃、白		☼										
非洲菊	黃、白						☼		☼				
小金盞花	黃						☼						
金魚草	黃						☼						
草櫻	淡藍色						☼						
洋牡丹	青、白						☼						
鬱金香	黃、白						☼						
瑪格麗特	黃、白						☼						
毛茛花	黃						☼						
錦雞菊	黃								☼				
海芋	黃、白						☼						
向日葵	黃								☼				
金色瑪麗	黃(金黃色)、白								☼				
百合	黃、白						☼						
菊花	黃、白											☼	

開花時期　播種時期

十一月會開的黃色花為菊花、斯坦堡花、歐亞花棘等，木梨的果實也是黃色的，十一月時會結果。

戀愛運

想要提高戀愛運，必須種植在三、四、五月及八、九月和年末的十二月會開粉紅、白、紅、黃、藍色等四～五色的花。

年末時是聖誕薔薇。三月則是雛菊或紫羅蘭、風信子、藏紅花，鳶尾或燕子花也可以。此外，非洲菊、芍藥、香豌豆也可以。香豌豆非常香。香雪蘭或薔薇、瑪格麗特、罌粟等也很好。一串紅及我最喜歡的百子蓮對於戀愛也有效。

這些花最好從東到東南到南盛開，一定能提升變愛運。當這些花盛開時，一定要讓涼風從窗子吹進來。

◎戀愛運的園藝時期

花期——3月、4月、5月、8月、9月、12月
顏色——粉紅、白、紅、黃、藍

	顏色	1	2	3	4	5	6	7	8	9	10	11	12
聖誕薔薇	白、粉紅			☼									☼
雛菊	粉紅、白、紅			☼	☼	☼							
紫羅蘭	紅、黃			☼	☼	☼							☼
風信子	紅、藍、黃、白、粉紅			☼	☼								
藏紅花	白、黃			☼	☼								
愛莉絲	黃、白				☼	☼							
非洲菊	粉紅、白、紅、黃					☼			☼	☼			
芍藥	粉紅、白、紅					☼							
香豌豆	粉紅、紅					☼							
香雪蘭	黃			☼	☼								
薔薇	紅、粉紅、白、黃					☼				☼			
瑪格麗特	白、粉紅、黃					☼							
罌粟花	粉紅、紅、白、黃				☼	☼							
一串紅	紅、粉紅、白								☼	☼			
百子蓮	白、藍												

開花時期　播種時期

工作運

種植在三月、七月、十一月會開的花。

關於工作方面，當然紅色與藍色的花要盛開在冬邊的庭園。紅色的紫羅蘭以及藍色的紫羅蘭都可以，雛菊、白頭翁、孤挺花、洋牡丹、康乃馨、非洲菊、金魚草、芍藥、小齒天竺葵、鬱金香、薔薇等對於工作運都有效。此外，百子蓮和桔梗、波斯菊也不錯。

因為工作而疲勞的你，在表鬼門的東北種植會開白花或紅花，或是會結果的植物。此外，在裡鬼門的西南種植會開紫色或黃色花的植物。即使不是花，植木也可以。時期為二月、五月、八月、十一月。

我的庭園在一月到二月開的花是紅色的。這是我考慮到不動產和工作運而設計的。

此外，為了發揮才能，南邊請種植一對樹木。我家的庭園就種植了一對梅樹。此外，如果想得到子息，可以種植橘色的花或石榴樹、桃樹等。

◎工作運的園藝時期

花期——3月、7月、10月
顏色——紅、藍

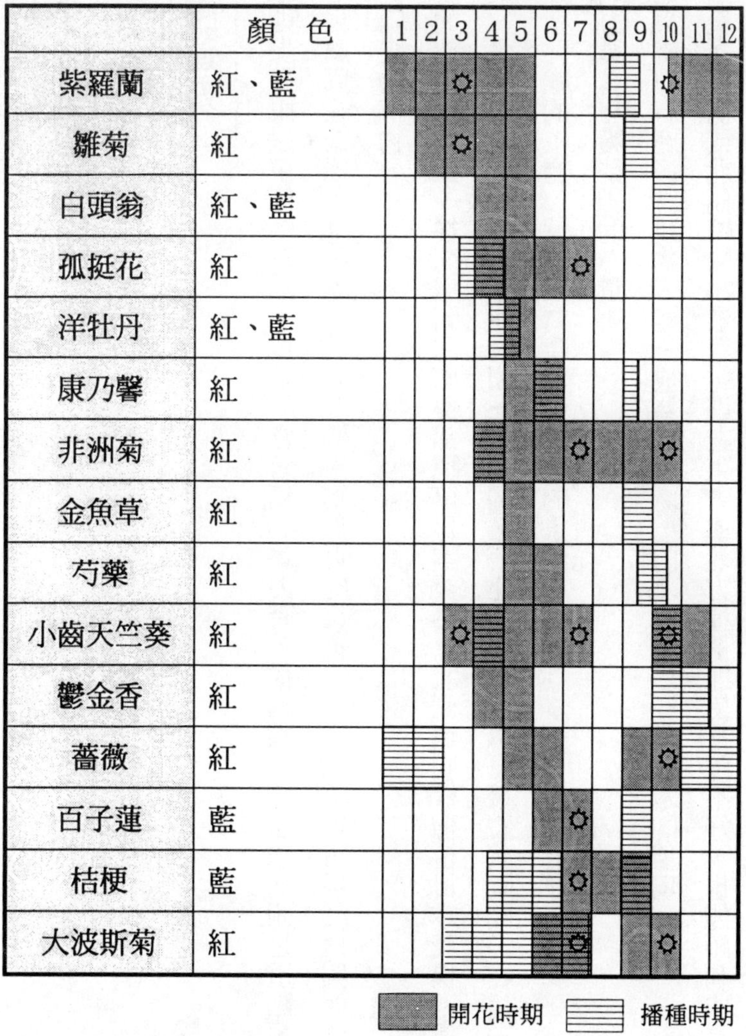

	顏　色	1	2	3	4	5	6	7	8	9	10	11	12
紫羅蘭	紅、藍			☼							☼		
雛菊	紅			☼									
白頭翁	紅、藍												
孤挺花	紅							☼					
洋牡丹	紅、藍												
康乃馨	紅												
非洲菊	紅							☼			☼		
金魚草	紅												
芍藥	紅												
小齒天竺葵	紅			☼				☼			☼		
鬱金香	紅												
薔薇	紅										☼		
百子蓮	藍							☼					
桔梗	藍							☼					
大波斯菊	紅							☼			☼		

開花時期　播種時期

風水園藝實例

健康運力

原則上健康以東側為重點。但是，當有精神壓力時，從庭園中心看來北側是重點。

如果庭園在南邊，則重點在於與北側建物最近的位置。在這個位置可以種植與西側和南側同樣的植物。

我的自宅的庭園，從南邊到西南邊都種植日本黃楊。北側也同樣種植日本黃楊。這麼一來，庭園即使比較小，卻能隔開一個空間。有建物時就可以直接將其隔開，在這一邊如果種同樣的植物，就能成為吸收健康運的重點。

北方具有守護精神的力量。

如果南方有庭邊，建物旁能夠成為向陽處，防北風，是容易植木的環境。

如果在東側或北側還有小巷等，則在東方或北方種植即使日照不好，也能順利成長

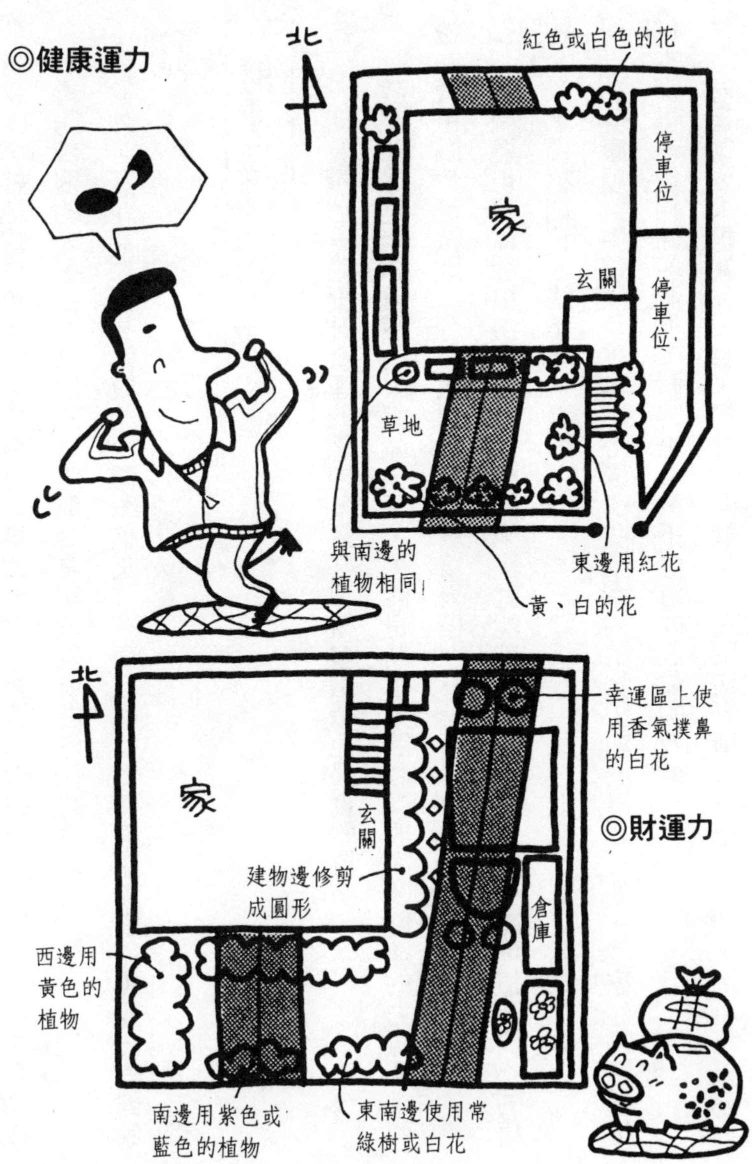
◎健康運力
北
紅色或白色的花
停車位
家
玄關
停車位
草地
與南邊的
植物相同
東邊用紅花
黃、白的花
北
家
玄關
幸運區上使
用香氣撲鼻
的白花
◎財運力
建物邊修剪
成圓形
倉庫
西邊用
黃色的
植物
南邊用紫色或
藍色的植物
東南邊使用常
綠樹或白花

的植物，開紅色或白色的花，或是會結果的植物。對於健康有效。

胃腸較弱的人，在庭園的西南側種植會開黃色或白色花的植物。

此外，紅花能夠提高健康的泉源，但是，在南方種植太多紅花會變得焦躁，對健康不好。

財運力

「西為黃色」是提升金運的鐵則。最好種植會結黃色果實的植物。

我家西邊近年來夏橙的果實減少了。可能是為了不讓我吸收太多財運的力量吧。西邊為黃色既然是鐵則，今年我想用花盆栽培夏橙。

東南邊也可以種植常綠樹。這麼一來，就能重新喚回財運。盡可能種植四棵小的植物。我家種植細竹。終年非常青翠。

在健康項目中曾談及，建物旁種一些茂密的植物，對於財運有效。我家建物旁種植日本黃楊，能夠儲備體力，同時也具有不會造成浪費的效果。

財運需要人際關係，為了提升人際關係，在東南方種植白花。

從庭園中心看來，南方種紫色或藍色的花，北方種白色的花。我家的庭園北側是梔子花，梔子花是白色的而且非常香。白色且香氣撲鼻的花，能夠提升人際關係。

工作運力

庭園的東、西北、西南這三方位對工作運非常重要。東方是發展與幹勁，西北是擁有好上司及支持者的力量，西南方則是守護家庭的方位。如果家庭中沒有像樣的廚房，則無法提升工作運，不管到任何地方都會遇到困難。

東側的庭園要種植會結紅色果實的樹木。冬天會落葉的樹較好。我的事務所東側有一棵大柿樹。一般人認為「東邊不要種太大的樹」，但是我卻不在意這一點，因為我知道這樣對工作運很好。這是種大樹較好。

西北方的樹要修剪成茂盛圓形的樹。如果日本黃楊的樹枝修剪成圓形，就能提升工作運、事業運。覺得工作運不好時，一定要修剪成圓形。

在西南方可以種植具有高低起伏形狀的樹木。我家將日本黃楊修剪成高低起伏的波浪狀。為什麼不修剪成平的呢？因為波形能夠產生龍脈。所以故意修剪成波浪狀。

如果西南的日本黃楊枯萎了，則家庭運較差。同樣地，如果事務所東方的柿子掉落了，則是考慮新事物的時候了。而且如果西北邊的日本黃楊不能修剪成圓形，則表示上司運較差。

正門的力量也很重要。盡可能要種植豪華，與方位相合顏色的花，例如西南方種植黃色或紫色的花。

庭園正中央也是重點。要讓力量集中在中心，使庭園朝氣蓬勃。

一般而言，以庭木為主而建造庭園時，庭園正中央植木非常重要。中心種植的木有宇宙的力量宿於其中。如果不知道該興建何種庭園，無法浮現好的構想時，首先就在庭園正中央種一棵樹吧！

我家的庭園中央只種了一棵紅淡比。紅淡比是庭園的力量泉源。真是不可思議，其他樹木很容易枯萎，但是紅淡比絕對不會枯萎。因為有力量聚集在這棵樹上，所以不會枯萎，一旦枯萎時，就表示我家危險了。

◎工作運力

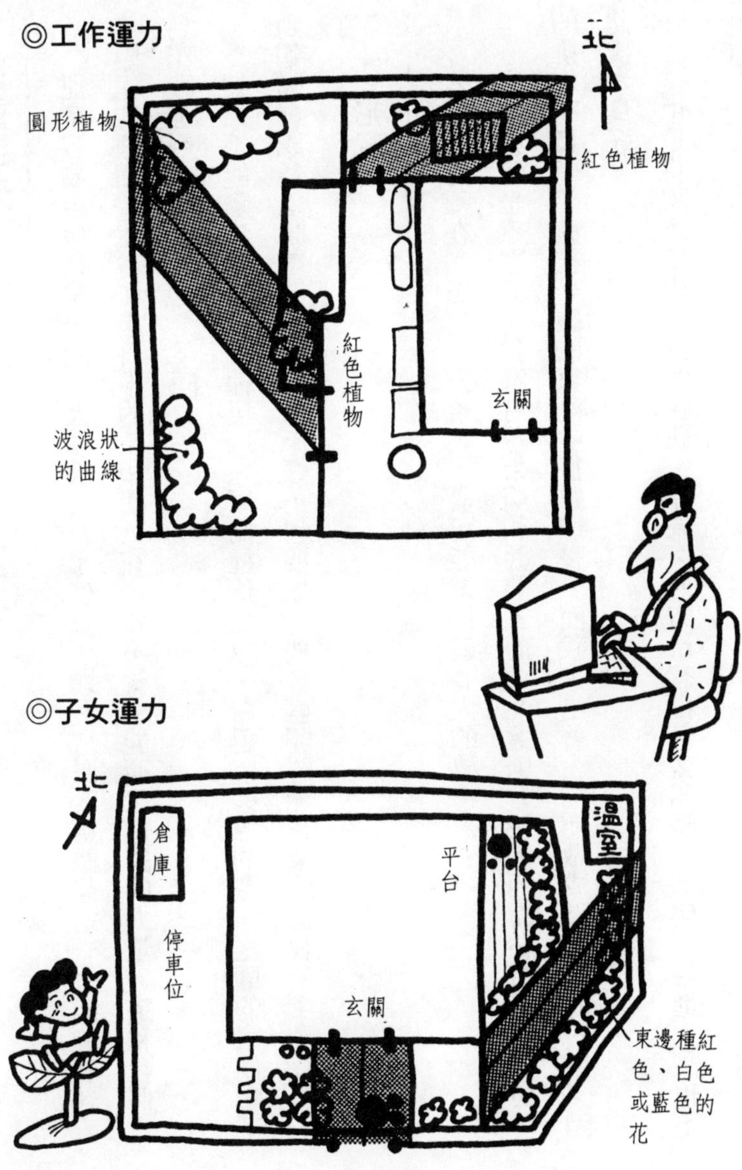

兒童運力

兒童容易生病是父母的一大煩惱。為了使孩子順利成長，應該建造一個能夠曬到清晨陽光的庭園。沐浴在旭日中的花和樹，在不知不覺中能產生健康的力量，這和我們看到花時是否有感覺是完全不同的。

如果不能曬到朝陽時，你可以在東側種植紅色、白色、藍色的花。庭園的東側曬不到朝陽會成為陰暗處。即使日照不好，也要擺一些會盛開鮮艷花朵的盆栽。

才能運力

才能運必須在南邊擺一對植物。盡可能選擇較高大的植物。

東北方也是重點。像我家有花茱萸和鈴蘭。而東北邊則有較大的樹和白花。花茱萸的排水不良，因此在一般的家庭中很難成長。而我家沿著大門前做成階梯狀的石堆，因此排水良好。

這也是將才能變成金錢的秘訣。如果東北方沒有白花盛開時，即使有錢進入，也不

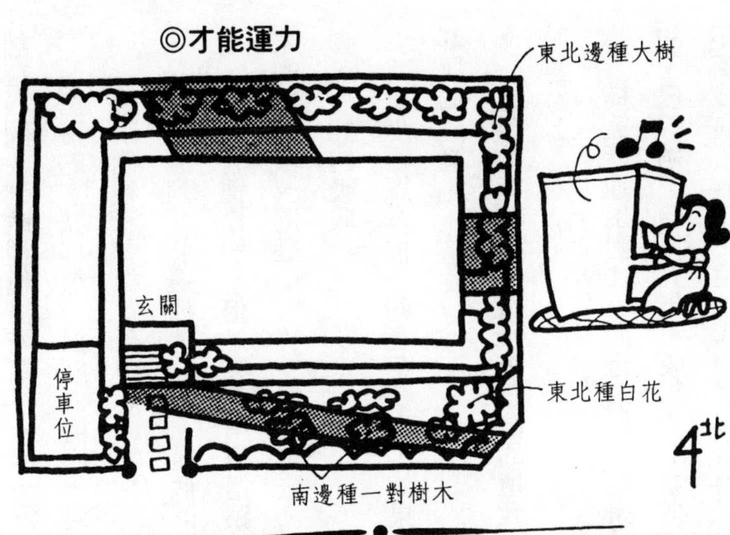

可能成為財產。因此，東北的鈴蘭對我而言是重要的花。

妻子也經常問我：「為什麼在這個地方種鈴蘭呢？」我藉口說：「生日為五月五日呀，我的生日花是鈴蘭。我想成為像鈴蘭的男子。」

雖然妻子取笑我，但是我還是要隱瞞她，因為東北的鈴蘭是我財產的根源。

利用風水建造的自宅庭園

生前介紹過好幾次，我在玄關前建造庭園。宅邸距離道路一公尺高，將木曾石做成階梯狀的圍牆，而石間則種植沿階草和印度杜鵑花。階梯本身是自然石，白色的小石子鋪在石間，到處種植沿階草。

南邊的玄關種植一對紅白梅樹，白色圍籬的內側則種植修剪過的日本黃楊。

東南側種了一棵花茱萸。

從西邊到西北邊種植竹子。這個部分的圍籬是日式的，從書房可以看得很清楚。

並沒有種松樹，但是夾著南邊道路的鄰居家中種了松樹，從起居室看過去好像是我家的樹一樣。這是松、竹、梅的想法，但是的確符合風水的概念。鄰家的樹也具有風水力，而能夠吸收。

雖然可以多種一些花草樹木，如果不好好處理，會遭受蟲害，絕對不能讓害蟲危害鄰居的庭園。

當然也不可以進行損害景觀的植栽。有時鄰家的樹長得太大，連漂亮的景色都看不到了。

樹籬能通風對住家而言最好。我家就有樹籬。自宅庭園是事務所的同事一起幫忙做的。已經過了四、五年，成為非常漂亮的庭園。花了一些錢買的植木，在自己的庭園中不斷成長了五年，植木店的老闆看到了這麼大的樹木，估計它的價值已經是當時價格的三倍了。如果植木計算其價值，當然可以成為財產。所以我認為庭園本身就是財產，使我感到很快樂。

事務所庭園的樹木

我的事務所的柿樹不斷成長，現在已經爬到鄰家的屋頂上，造成他人的困擾。因為感到很擔心，所以去拜訪鄰居，他們說，從窗戶看過來，可以看到陽光從樹縫間照射下來，還可以看到柿子結實纍纍的景象，感到非常快樂。所以叫我們不要擔心……。這真是幸運的柿子呀！

這棵柿樹在事務所的東邊，「如果東邊有會結紅色果實的樹木，則繼承家業的子女能將家業發揚光大」。因此，選擇這個土地的父親非常重視這棵樹。雖是澀柿，但是不久後就能變成甜柿，每年秋天都能品嘗到。

就風水而言，「連鄰家也可以利用」。

像我自宅鄰家的夏橙和丹桂，能夠提高金運，因此巧妙地利用鄰家的樹木和自然也是一種方法。

在事務所的東南種植大葉冬青。葉子很硬，葉子背面可以寫字。據說古代就在葉子背面寫字而送給他人。

自古以來竹柏也是將心意傳達給他人知道的樹。據說摘下葉子送給別人表示自己思念某人。想要見某人時，就將葉子放入懷中或交給對方。

此外，還有日本羅漢柏。日本扁柏和日本羅漢柏都能防止害蟲。

興建風水庭園的技巧

庭園必須一年到頭經常加以照顧。花草和庭木的照顧，對於忙碌的我們而言，教導了我們許多自然的循環及運作的道理。

春天買種或苗，移入花盆中，每天澆水，欣賞其成長的樣子。在明亮的陽光和涼爽的風中，我們的努力，花會給我們報酬，開出美麗的花朵。

我過了四十歲之後，才從花草和樹本身產生一種自己和地球一起活著的感動。從最初的一個花盆開始，數目不斷增加。光是靠花盆種花，覺得還不夠，如果有庭園，相信會得到更大的喜悅。

如果有一個日照良好的庭園，在花壇與花壇之間做園路，則可以種四季的花、蔬菜或果實。

花盛開時自然會有蟲鳥聚集而來，這時住家周圍就會充滿自然。如果住家周圍充滿自然，就風水而言，你所居住的空間是吉相。

點綴花和庭木等的庭園，能在我們的生活中產生一種悠閒的空間，可以建立一個快樂的家園。

庭園有各種建立方式，興建庭園時必須要有目的。必須要發揮住家的優點。從家的中心看來的八方位，不管是種哪一種小的花草都可以，一定要種植相合的植物，這麼一來，以住家為中心而剩下的空間，全部都可以當成庭園。

在你家周圍的小空地，都可以成為你家快樂的庭園空間，可以成為園藝場。

門前石階

建物如果距離道路比較遠，是在較高的位置時，可以巧妙加以利用，形成非常漂亮的大門口。如果階梯的寬度較寬，可以在階梯旁擺花盆，種植花卉，則從大門口到玄關都非常豐富。

石階兩邊的牆壁可以種一些爬山虎，使階梯本身成為一種設計品。正面建物的牆壁上適合掛吊籃。

在爬山虎中掛白色的植木花盆，花盆中盛開著美麗的花朵，形成漂亮的大門口。如果在階梯的扶手方面也加以注意，則玄關的長廊可以成為美麗的花園。

即使沒有土地的空間，還是可以做到這一點，變成漂亮的園藝。

利用花盆

到了春天，利用小的種籽培養美麗的花，花盆的花可以擺在庭園、玄關或陽台上。

例如，利用花盆種植春天會開花的紫羅蘭時，可以配合東南西北的方位培養不同的顏色。紅色的紫羅蘭擺在東邊，黃色的紫羅蘭擺在西邊，橘色的紫羅蘭擺在南邊，酒紅色或粉紅色的紫羅蘭擺在北邊，讓花盛開後擺在相合的方位上。

用花盆栽培時，最需要的就是每天澆水。而且還要稱讚花「你長得很好」。當然，可以用種籽培養花朵。

以庭木為主的花園

不只是小花，也有以庭木進行園藝的方法。

利用小的庭木為中心而建造庭園，這時必須注意建物的陽光不可以被擋到。

巧妙使用吊籃

最近，利用吊籃裝飾住家的例子增加了。考慮安全性的問題，一定要用鐵絲牢牢地固定。

如果做得很好，則自家到道路、自家的外牆都會變得非常美麗。即使沒有庭園，也會形成與庭園同樣的印象，一定要嘗試。

例如，建物有陷凹處，外壁顏色呈現凶相時，可以利用吊籃掛一些會開美麗鮮艷色彩的花朵，就能使你家成為吉相。

日式庭園

用圍籬圍出坪庭的庭園，用雜木和樹陰草構成庭園。真正的日式坪庭基礎是石堆、石製洗手盆和燈籠等。外行人不可能一開始就做得非常完美，但是還是可以挑戰。

日式庭園的作法有很多。有人請求我設計日式店舖時，我會親自動手為他做庭園。對我而言這是一大樂事。

用竹籬隔出中央，配置燈籠和石製洗手盆，而且會長出美麗苔蘚的庭園，從房間內看過去，就好像房間的延長一樣，能形成一體感。

有游泳池或噴泉的庭園

如果你家的庭園非常大，可以以游泳池或住家為中心而建造庭園，在其周圍可以舖上草地，或做成歐式庭園。

我感到遺憾的是，自己並沒有設計過這類的庭園。可能是因為我自己不喜歡水池或游泳池吧！

考慮平衡的問題，可以做圓形的花壇，在正中央設計一個噴水池。此外，游泳池畔貼磁磚的平台和美麗的花朵、草地等，都必須納入設計內。如果日光平台能夠延伸到游泳池邊更好。如果有較大的宅邸，配置日光平台、游泳池和噴泉等，這種庭園當然非常美麗。但這是一般人無法辦到的。

風水建造前庭

最近玄關前的前庭非常盛行。利用外牆和植物圍籬的平衡改變景觀。

在鄉下地方經常看到門前的松樹，這是因為大家認為通過松樹樹枝吹進來的風對人會造成好的影響，所以大家才在門前種松樹。

玄關前的大門口如果庭園不寬廣，請種植沿階草等日式的樹陰草或瑞香、杜鵑花、印度杜鵑花等。

如果是歐式庭園，則木柵必須選擇與大門前方位相合的顏色。東方則圍繞紅色的木柵，也可以種一些季節花。西方為黃色，南方為白色或綠色，北方為白色或粉紅色等。此外，也可以種草皮。另外，在木製花盆上漆上顏色也符合風水的概念。

在西北玄關前可以模倣大門前，種植六～七棵修剪成圓形的日本黃楊。中間擺上圓形的照明燈也是吉相。

南方則在玄關前種一對花茱萸等。

先前敘述過，最近特別是在玄關前建造庭園、花壇，如果無法做到，也可以利用花盆種植花，任何家庭都會變得非常美麗。走在城鎮中，在開花的季節時真是一大樂事。在玄關前進行植栽的住家增加了，不只是自己快樂，也能成為讓周圍眾人快樂的庭園。

玄關是這家的臉，同時也是幸運的入口，只要一棵樹就能改變整個住家的氣氛。如果玄關在西邊時，可以種植金雀花等下垂的黃色花朵，鬼門的玄關則可以種植麻葉繡線菊，開出白色的美麗花朵。

北側的玄關稍感寂寞時，可以種粉紅色的杜鵑花等。依玄關方位之不同，種在大門前的花能夠提升家運。

風水上認為有門為吉相。但是即使沒有門，如果有磚塊或白色的圍籬，還種了一些薔薇時，就能得到比門更好的力量。

最近，大廈也會做一些拱門等設計。而一邊住宅加以模倣，在玄關處做拱門的住家增加了。有的家庭則讓草攀爬在拱門上。

日式庭園玄關前的圍牆可以種植日本黃楊或細竹等，更能增添日式庭園的氣氛。比較簡單的方法可以只種常春藤，或是將日本黃楊等修剪成圓形，可以代替玄關前的門或大門口。

就算沒有庭園，在玄關前放置花盆，或利用小樹做成小花園也不錯。種植草莓或番茄等水果、蔬菜，也是一大樂事。

玄關前的空間不大，在旁人通過時能夠看到花也不錯。

以花木為重點而設計

在庭園中種植到了季節就會開的花，以及大樹，讓人覺得很快樂。一般人想到庭木時，大都會想到較大的庭木，但是設計時要多考慮一下。

例如，棣棠花等會不斷長大，如果很大的話，到了春天時會變成鮮黃色，讓人覺得非常愉快，能提升金運。所以在西邊玄關前庭和西邊的庭園一定要種植棣棠花。

此外，梅花等具有香氣，可以創造春天的氣息。薔薇可以種植四季開的品種，產生季節感。如果有較大的花茱萸，則這個家的氣氛完全會改變。

以會開花的植木為重點建造庭園，能使庭園的印象更好。鐵線蓮等攀爬在拱門上，也能妝點玄關前。

以樹木為主的庭園中，花木盛開，的確是一大樂事。梅樹、木蘭、杜鵑花和紫薇，以及最近對Dr.小林中受人歡迎的石榴、花茱萸、山茶、桃樹、櫻花等，庭園的特徵就是種植較大的樹木。

重點是會開花的樹木占六成，常綠樹占四成。

也就是說，與建物同樣，一樣要取得庭園的陰陽調和，才能使庭園產生穩定的氣氛。

花草的風水園藝

寫這個稿子時是在二月的時候，當時住在日本八丈島的『Dr.小林之友會』的人送了我很多香雪蘭。

他們經由會報知道我正在寫書，於是特地為我送來在南島盛開的香雪蘭，幫助我啟發靈感。非常感謝全國讀者的支持。

他們送我芳香撲鼻的花，讓我能夠繼續寫書。

到八丈島的溫泉泡露天溫泉時，我會買香雪蘭和天堂鳥等花。香氣中瀰漫著春天的氣息，讓我不禁想起八丈島的太陽及露天溫泉。

我一直覺得花會和回憶一起盛開。

學生時代快樂地旅行時盛開的木芙蓉令我難忘。我在超級市場買的木芙蓉每年都會開花。看到木芙蓉使我的情緒很好，能夠繼續寫稿。

我經常前往一家義大利餐廳，當他們知道我喜歡「薄荷」時，經理會吩咐工作人員，在我所點的青蘋果果汁中加入很多薄荷，既非常美味，又能消除壓力。

最近，在廚房和陽台培養花草的人增加了。

芳香的味道能提高戀愛運，也具有消除壓力的作用。因此，我非常贊成大家在自宅栽培薄荷或其他花草。

注意香氣的效用

據說在歐洲等地，小齒天竺葵可以擺在窗邊，代替紗窗來驅蟲。

香氣不但對人類有效，對於驅除害蟲也能發揮威力。

瑞香、丹桂、梔子花等具有很好的香氣。此外，像蘘荷和紫蘇、花椒等，也是昔日種在庭園中的植物。栽培在庭園中，也可以當成藥味使用。

我的庭園中種有紫蘇，夏天吃蕎麵時就從庭園中摘點來利用，非常方便。

花椒或蘘荷等帶有香氣的植物，種植在鬼門線上，能夠避開方位的凶相。

薰衣草具有很好的香氣，顏色也很漂亮，我建議各位種植。經常聽人說「沒有窗戶的廁所要擺薰衣草」。如果家中不平靜時，可以在庭園中種植薰衣草。

在庭園中種植花草，烹飪時可以利用，看起來也非常賞心悅目。有些容易附著小蟲，但是可以擺在陽台、起居室或廚房栽培，因此，建議沒有庭園的人可以種植這些植物。

我家也準備栽培花草，但是住在都會的人或大廈中的人，如果沒有預算興建庭園時，一定要種植花草。

利用小花壇享受種植之樂，而且具有實用性。所以我了解為什麼這幾年來會這麼流行。不只能防止壓力，而且看到小而可愛的花也非常快樂。

做一些花草茶來飲用，或是泡澡時可以利用。烹飪時也可以利用，用途廣泛。

第四章

植木與花木的風水術

【……目的別，花的顏色……】

香豌豆　　百子蓮
〔戀愛運〕粉紅色、紅色　〔戀愛運〕白色、藍色

必須了解木的陰陽

關於陽木與陰木，一般人認為陽木為「吉」，陰木為「凶」，但是一般論與吉凶是不同的。也就是說，並不是陽木就好、陰木就不好。

陽木與陰木的區分，因各書而異。

一般的風水論，認為想要擁有穩定工作運的人，必須在庭園中種植金合歡，或是住在金合歡並木道的附近。

琵琶樹能提升財產運。此外，橘子樹和日本橘樹也同樣能提升財運。

松樹代表健康、長壽。梨樹和竹子有助於長壽及子孫的繁榮。此外，竹子還是能提升青春的樹木。

桃樹能提高人際關係和交際運，而且具有避邪的作用。

石榴具有子嗣運及保護安產的力量。

所以，不論是植木或花木，風水也肯定其力量，最好應用在建造幸福庭園上。

最近，我畫了一幅畫。

這幅畫滿載著風水力量，南邊是一對樹，西邊是黃色的日本橘樹，北邊則是石榴樹和桃樹。是非常理想的植木配置。

會結黃色果實的樹一定要種植在西側。

桃樹如果種在東邊或東南邊，能提升戀愛運，此外種在北邊時，開粉紅色的花，能夠得到子嗣。

石榴會開橘色美麗的花。北側有橘色，表示有子嗣運。通常有石榴的住家大都是老宅、舊宅。

以前東京種有很多棕櫚樹，是為了防止火災。東京的火災非常多，因此在圍牆邊種植棕櫚樹，具有防止火災的作用。

所以，有些樹木不易燃，可以當成耐火材料使用。

雖然樹木根部會吸水，保持某種程度的濕氣。相反地，也有使地盤造成濕氣的作用，所以就風水觀念而言，這類樹木不可以種植在建物附近。

植栽要了解「木心」

木有各種不同的意志

植栽的重點在於「了解木心」。此外，各位不可以忘記「樹木只會在自己想生長的地方生長」。雖然說庭園的樹木是自生的，但是大都是遷移過來的。有時候，植木會讓人覺得是將樹木種植在不合它們心意的場所。

不能因為自己喜歡花草樹木，就隨意種植在自己喜歡的場所。一定要將它們種在能夠生長最旺盛的場所。西邊裝飾黃花，能帶來幸運的花風水，能發揮花的力量，使我們得到幸福。這就是風水的想法。

所謂「木心」，也可以說就是指木質。風水的觀念認為了解木心就是要知道樹木到底具有何種意志。

例如，在北側種植想要防風的樹木，樹木適合這個地方，因此成長得非常好。但是如果種在南側，會遮擋陽光，反而會成為產生阻礙的樹。

例如一公尺的苗木花了五千元買來，長大成二公尺時，就具有二萬元的價值了。也就是說，可以利用庭園增加財產。

建造庭園就好像得到財產一樣。必須花時間和氣，充滿情愛地培養它。由這個意義來看，庭木也是財產。

會結果的樹木能夠開運

有人說「庭園中不可以種植會結果的樹木」，但是風水的觀念完全相反。

我家的神（風水、家相方位的神，稱為三宅大神），說祂希望鎮坐在會結紅果實的樹旁，因此在社旁種植柿樹。雖然當時也一起種植了紅淡比，但是柿樹逐漸長成非常大，而紅淡比則受到蟲害。柿樹的葉子茂密，樹下的植物不會淋到雨，因此容易長蟲。

所謂「柿子成熟時，醫生臉蒼白」。也就是說，水果有益健康，含有許多豐富的維他命類，而且非常的好吃。會結果的樹木長了果實，能享受品嚐果實之樂。

夏橙、橘子、梅子、桃子都不錯。我就利用自宅庭園的梅樹結成的梅子做梅酒。每天早上喝一小杯，飯前飲用以保持健康。

無花果會產生濕氣，所以不可以種植在建物附近。但是如果距離一・八公尺，就不必擔心了。果實非常美味。

最近只能看到胡頹子點心。不過在孩提時代，每當梅雨季節就變紅而成熟的胡頹子果實，是孩童的最愛。當時的回憶至今難忘。

石榴、草莓、奇異果、葡萄等也可以品嚐。熟了之後不要全部採摘，留一點給鳥吃，這種體貼之心很重要。但是，必須注意不可以讓害蟲靠近樹木。

花與果實並存的庭園非常好。讓Dr.小林的風水一躍成名的西邊為黃色的觀念，原本就是指日本橘的黃色果實。夏橙或橘子樹、金桔樹等一定要種在西方。果實本身漂亮且美味，對於提升風水力量的庭園而言，是不可或缺的果樹。

會開出美麗花朵的石榴，會開楚楚動人的白花的橘子等都不錯。奇異果可以取代藤架，當成遮陽亭使用。

自古流傳下來的藤架就是葡萄架。

李子等會長得非常大，具有驅魔的作用。

木梨可以做成水果酒。蘋果和杏仁也可以做酒。

柿子是自古就有的水果，結的果實為橘色或紅色，風水上認為應該種植在東側。有的住家會種植藍莓和琵琶。會結果的樹木對於建造的庭園而言是不可或缺的素材。

＊會結果的庭木

柿子、石榴、蘋果、奇異果、橘子、夏橙、葡萄、櫻桃、梅樹、桃樹、無花果、琵琶、胡頹子、枸杞、金桔、酸橙、柚子、酸橘、杏、木梨、檸檬。

＊會開白花的樹

大花六道木、水晶花、梅花、野茉莉、蝴蝶戲珠花、麻葉繡線菊、梔子、日本辛夷、玉蘭、荷花玉蘭、假山茶、花茱萸、珍珠繡線菊、海桐花、木槿。

＊會開紅花的樹

皺皮木瓜、薔薇、紫荊、杜鵑花、印度杜鵑花、粉花繡線菊、石榴、牡丹、凌霄花、山茶、木蘭。

八方位與植木的關係

從住家中心看八方位，具有各種不同的作用。因此，方位作用與植木原本具有的作用，和樹木所具有的力量搭配組合進行植栽較好。

關於風水庭木方面，高度和形狀，落葉、常綠與陰陽的調和非常重要。

樹木的大小應該注意。必須種植較高的為西方、北方與西北方。

出雲地方的築地松，是當成防風牆使用的松樹。高高地種植在西側與北側，具有包圍住二層樓建築的建物屋頂之高度。一邊住家在建地內如果有空地，在西方、北方與西北方種大樹，圍繞家園較好。

為避免遮斷東方的朝陽，所以東方不可以種植太大的樹。

南方在建物附近不要種太大的樹。

南方和東方可以種落葉樹。夏天樹葉茂密時清涼，冬天時落葉，光線能照射到建物上。考慮日照的問題，還是選擇落葉樹較好。

太大的樹一開始就要修剪，不要讓它長太大。

相反地，西方和北方為了防風，最好種植常綠樹。日照不好的地方，雖然樹木不能成長茁壯，保護家園，但是可以種植比較強韌的日本羅漢柏類，就能好好地保護北方與西北方，成為吉相。

樹木的高度北方最高，其次為西方，然後為南方、東方。東方與南方不要種太大的樹，而西方與北方為了擋風，必須種較大的樹，對於方位而言是吉相。樹枝必須經常修剪，避免爬到鄰家而造成困擾，這一點非常重要。

如果種樹木，在其下方的草木生長不良，這一點也必須事先考慮。

關於方位和植木的關係有很多。會結紅色果實的樹木種在東方或東南方較好。在西方和北方也會成為吉相。石榴最好種在北側或東側。

＊夏天枝葉茂盛、冬天會落葉的樹木

槭樹、楓樹、樺木、英國山楂、紫薇、胡枝子、山藤、木槿、棣棠花、假山茶、合歡、凌宵花、四照花、歐洲丁香、山柳

*常綠中高木

松樹、月桂樹、山茶、厚皮香、側柏、珊瑚樹、東輪梅、交趾木、日本榧樹、竹子、蘇鐵、香春蘭、海桐花、楊梅、大葉冬青

*低木

紫金牛、接骨木、硃砂根、大花六道木、繡球花、連翹、金雀花、石楠、迎春花、金絲梅、胡頹子、珊瑚木、車輪梅、牡丹、皺皮木瓜、結香、棣棠花、珍珠繡線菊、大南天

*樹陰草

細竹、爬山虎、沿階草、草蘇鐵、槖吾、木賊、大藍麥冬、富貴草、蜘蛛抱蛋

魂宿於木

古木與庭園的建造

魂和力量宿於木。在各地都有將神木當成神而祭祀的風俗。

我的出生之地也有神木。其附近有三宅大神社。

即使不必當成神木祭祠，也有被當成土地主的樹木。

某個人面對分成二塊的土地，想要建造成一個大的宅院，到底要選擇哪一塊呢?他感到很迷惘，後來他選擇了種了松樹的土地而買下來。

因為他覺得松樹好像在叫喚自己一樣。松樹就是這個土地的主人。

老樹可算是當地的主人。巧妙運用這種樹木建造庭園，建築時也要將其納入計畫中。

順應自然的力量

我在日本長野縣的八岳買了別墅，並不是砍掉大樹建造住宅的土地，而是原本就沒有大樹的土地。因為比起砍掉大樹興建住宅的土地而言，原本就沒有大樹的土地較沒有損害。

購買至今已經二十五年了，剛開始時只有細竹和杜鵑花，可以看到整個別墅。並不是我特意種植的，而是自然飛來的杉木種籽發芽，結果長成高度約十～十五公分的小樹，現在已經遮住整棟建築了。我親眼目睹了自然的力量。

聽說杉木會產生很多花粉，這是因為杉木感受到危機感。也就是說，如果不能大量繁衍自己的子孫就糟糕了，因此大量釋出花粉。

我在很多書中都談過，風水是環境開運學。環境當然分為自然環境與人工環境。在都會中生活，必須適應這二種環境。

重視自然環境非常重要。要從自然中努力召喚運氣。

松竹梅會帶來幸運的理由

以前有人說通過樹枝的風能夠治好壓力。

因此在庭園種植樹木，能夠感受到風，對於建物、對人而言，都能形成好的環境。

尤其通過松樹的風，對於心臟病和結核很好。

「松竹梅」是令人喜愛的樹木代表。我家的梅樹種在南方的庭園，竹子種在西北方的空地，但是沒有種植松樹。

但是，南道路前的住宅已經有很漂亮的松樹，所以就運氣而言，就好像我家也有松樹一樣。

如果你開始說梅樹枯萎、松樹枯萎等「不吉祥」的話，真的就會出現樹木枯萎的現象。植木枯萎有其原因存在。可能是日照不良、通風不好，或是因為工程等而使根部受損。此外，也可能因為照顧不好而造成的。

松竹梅被稱為「歲寒三友」。

松葉到了冬天也不會變色。竹子會不斷成長、有結，具有柔軟性和韌性。梅樹在寒冷季節會開花，香氣撲鼻。而且松樹代表「長壽」、家運繁榮，竹子表示子孫繁榮，梅樹則表示具有君子之德。因此，我認為種植這三種樹就能得到幸福。

古人認為發生地震時應該要逃入竹林裡。這是因為竹子根深蒂固，所以地不容易裂開。當令竹筍非常美味。竹子也是很漂亮的植物。

照顧松樹非常困難。松蛀蟲會使松樹枯萎，但是它卻是日本庭木之王，非常美麗。

花木所隱藏的風水力

好像火焰般具有美麗顏色的日本早櫻，夏季時盛開粉紅色的花朵的紫薇，以及我家的杜鵑花、印度杜鵑花、木蘭等，光是花就能使運氣完全改變。

從初春到初夏時節開出鮮艷黃花的金雀花，一定要種在庭園中。開白花的珍珠繡線菊、結香等都不錯。棣棠花和金雀花相同，會開黃色的花。桃花是粉紅色的。最近在狹小的地方也能開花。在鬼門方位或北方位種植蝴蝶戲珠花等會開白色花的植物較好。

十年前我前往京都的松尾大社參拜時，看到盛開的黃色棣棠花時，感覺好像金運突然提升了不少。

我家的花茱萸開淡色的花，氣氛很好。梔子花在梅雨時期會產生香氣。木槿在夏季會開粉紅色的花。

春天最香的是瑞香，到了秋天，丹桂會開花。凌霄花是藤蔓狀的，夏季會開橘色美麗的花。

因季節別建立一個可以看到各種花的庭園也是一種方法。巧妙運用一棵大樹建造庭園也不錯。一般而言，大部分的人都不願意種大樹，但是如果種二、三棵高度二公尺的小樹，也可以構成庭園。

蘇鐵、樺木，或是像我家的花茱萸等主木，種植一棵就能形成美麗的庭園。

一般而言，像丹桂等具有香氣，會開黃色花的植物，種在西側，西南側或東南側較好。夏橙和金桔、楊梅等種在西或西南側，對於金運和家庭運都很好。尤其楊梅具有驅魔的作用。

日本橘樹會結黃色的果實，所以最好種在西側。

為了提升人際關係，可以在東南或東方種植大葉冬青或柳樹。我的事務所庭園的東南種植了大葉冬青。我想現在能夠從事寫作工作，就是因為大葉冬青樹的力量吧！

桃樹和櫻樹種植在東方或東南方，能使這一家人盡早締結良緣。東或東南方的粉紅花，能夠提升戀愛運。

據說「南天竹種在鬼門較好」。能夠轉禍為福，的確有效。

想要得到幸運時，可以種植蜘蛛抱蛋以及硃砂根。我家種的是硃砂根。

梨樹種在西方或西南方，能使家庭豐富，成為有優秀女性居住的住家。石榴和紫薇也可以種在庭園中。近年來盛產石榴樹，而且石榴對於子嗣有效，因此掀起了石榴旋風。

無花果會帶來濕氣，因此很多人不喜歡。無花果的確在潮濕處較容易成長。最糟的是根部爬行在地下。自古以來受人嫌惡的樹木幾乎都是根會進入建物下方的樹木。

槭樹也不錯。

山藤會不斷攀爬，因此有人不喜歡種，但是藤花非常美麗，可以做成藤架。西南方有藤花盛開的家，女性能做好家事。

梅雨時期可以欣賞繡球花。

胡頹子、琵琶、葡萄等會結果的植物也不錯。葡萄串會帶來財運。

玫瑰花具有香味，顏色也很美麗。

木芙蓉是能使心情興奮的花。我非常喜歡。

蘋果花非常可愛。東側的紅蘋果可以欣賞。

深粉紅色的桃花在狹窄處也能開花。

就風水而言，並沒有不吉祥的樹木。例如，木蘭是佛壇花，一般人都很討厭，但是完全無關。和北枕一樣，沒有任何問題。我家就種植木蘭。

有的人不喜歡花瓣掉落，例如山茶等就是如此，但是就風水而言，根本無關。此外，如果梔子花大量盛開，就會失去工作、收入減少的說法，也沒有這回事。我家庭園就種了許多這種花。夏天之前，附近鄰居都聞到芳香的氣味，因而非常感謝呢！

苔蘚也不錯。我家南方庭園日照良好處栽培了苔蘚。一、二年就長得很好，但是最後還是沒辦法。有了苔蘚後就無法取得暑假等長期休假了，因為必須為它澆水，所以我哪兒也不能去。飼養動物也是同樣的情形。因此，苔蘚還是要回歸自然較好。

第五章

轉凶爲吉的風水園藝

【……目的別，花的顏色……】

桔梗　〔工作運〕藍色

康乃馨　〔工作運〕紅色

設備的素材與顏色

設備的色調與庭園草木的搭配非常重要。顏色或素材到底具有何種力量呢？以下列舉代表性例子加以探討。

●灰色——水泥的顏色、瓷磚、塗料

灰色是內藏事物的顏色。非常適合綠色，和植木或花等組合為吉。

●茶色——磚塊

表示平靜與豪華的顏色，與任何方位都相合，使花看起來更美麗。

●白色——木頭的塗料或鋁、瓷磚

是最多的顏色。缺點是不耐髒。一旦髒了之後運氣會減弱，一定要好好地照顧，保持潔白則為大吉。

●藍色——木頭的塗料、玻璃、陶器、瓷磚

如果使用面積較大時，欠缺華麗感。如果淡藍色與白色搭配組合，成為海軍的顏色，可放在日照良好處。

●**奶油色——塗料、瓷磚、鋁**

無法挑剔的顏色，大家都喜歡。適合全方位。如果是塗料，和白色相同，要隨時保持清潔。

●**米黃色——塗料、瓷磚**

住家和圍籬經常使用的顏色。能搭配陰陽的顏色。和植木的綠色及鮮艷的花也相合。

●**粉紅——塗料、瓷磚**

充滿耀眼陽光的力量，即使是狹小的庭園，也能提升力量，一定要使用的顏色。

●**綠色——塗料、瓷磚**

草木的顏色。在庭園中不顯眼的顏色，但不論是鮮綠色或深綠色，都能使庭園充滿活力。

●**橘色——塗料、瓷磚**

在南、東南或北方的庭園稍微使用一些。尤其南方太陽曬不到的庭園，使用橘色的材料較好。

●紅色——塗料、瓷磚

在曬不到朝陽或東方太陽的庭園中使用一部分，能夠提升東方的花園力量，過著健康的生活。

●黃色——塗料、瓷磚

在西方興建庭園，或是西側狹窄、通風不良時使用黃色，能提升西方位的花園力量。

●閃耀光亮——黑瓷磚、不鏽鋼、金屬製品

陰氣較強，對於較大的庭園而言是吉相，但是很難與周邊的素材搭配。可以放在鮮艷的花或是會結果的樹木附近。

●玻璃

陰的能量較強的素材，有人用來當成花壇的外圍。但是如果感覺不好，不知道如何使用時，會降低力量，必須注意。

●石頭——花崗岩等

石頭也具有陰的能量。當然依石頭的不同而有差異，但是像花崗岩等較暗的顏色陰的力量較強。具有明亮色彩的石頭（紅花崗岩）則具有中間的力量。

鬼門與裏鬼門的風水術

鬼門是指東北方位。為什麼要重視鬼門呢?因為鬼門是神通過的道路。也就是說，為了告戒世人不可以弄髒道路，因此手段之一就是說「鬼門很可怕」，讓世人感到驚嚇。

但是，不需要畏懼鬼門。鬼門是非常可貴的方法。

與鬼門相反的西南側是裏鬼門。和鬼門同樣地，都是不能弄髒的方位。

連結鬼門與裏鬼門中心線的線，就是鬼門線。

如果你家的鬼門位置是堆垃圾的地方，則必須打掃乾淨，用粗鹽和清酒淨化。此外，也可以種植與這個方位相合的花。

有焚化爐的住家，與其注意這裡是垃圾場，還不如優先考慮這裡是處理火的場所。因此，一定要避免在鬼門線上。依照堆鹽的要領，在小塑膠袋中放入少量鹽，加以清淨，具有效果。

有些人在鬼門種植南天竹，這就是先前所敘述的「轉禍為福」的想法，是大吉的作法。此外，在鬼門種植會開白花的花草或植木，對於風水而言也沒有問題。

◎鬼門與裏鬼門

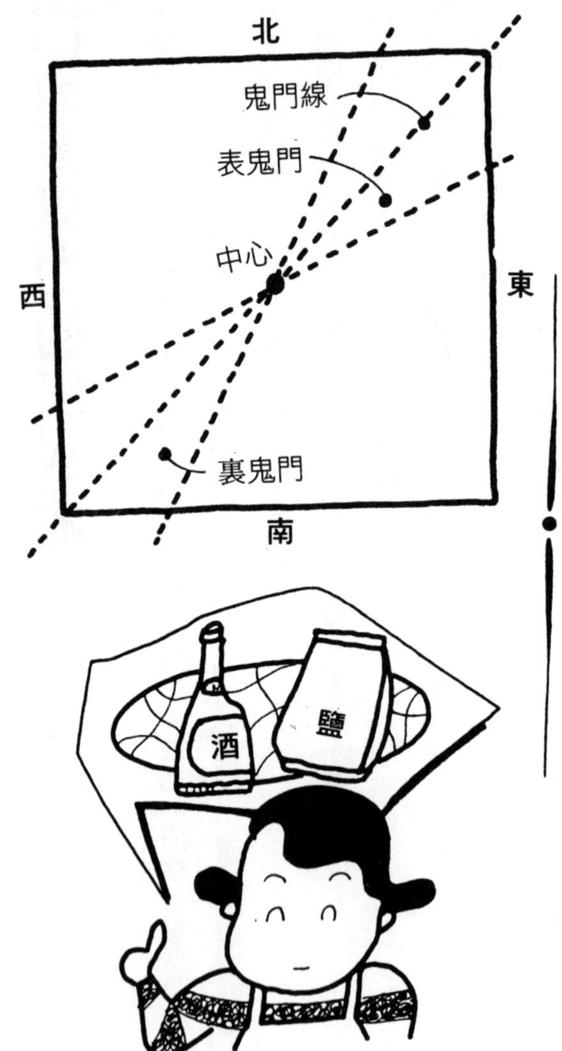

廁所、浴室外的風水術

廁所一般都設計在西北、北方等不會直接曬到太陽的空間，因此大都潮濕。在十年以前，很多人會在廁所附近種植南天竺。事實上這也是使用植物的風水術。南天竹等能夠吸收濕氣，利用綠色美化廁所。

廁所也是對健康會造成影響的空間。我所提倡的花風水，與廁所方位搭配，可以用花裝飾，進行風水的處理，很多人實行了這個做法。

擔心健康的人，如果在廁所外部種植植木時，可以配合方位種植一些有色彩的花較好，但是必須考慮日照的問題，因此一般而言，種植盆栽為大吉。

浴室外也是同樣的情形。浴室也是一個放鬆的空間。面對浴室設立坪庭，一邊看著庭園、一邊洗澡是最好的。即使不能興建坪庭，但是有突窗，或是在浴缸旁擺設花或盆栽等小的草木，能使你擁有健康。

尤其是浴室和廁所在北、西方等鬼門方位時，要配合方位，種植相合的花。考慮方位的問題，以下述的色彩為主而配合。

北方重點為粉紅色和黃色的花。

鬼門為白花和花草等，能使情緒穩定的花。花瓣不易掉落，容易照顧的花最好。

東方則使用華麗的花。以紅色和藍色花為基調，種植季節花。有窗戶時可以種植淡紅色或藍色的花，或是種深紅色的花。

東南方可以利用橘色和粉紅色的花增添香氣。

南方則種植橘色或白色的花木。

西南方則以黃色或白色、紫色的花為主。可以利用花盆，種植紫羅蘭等小花。

西方以白、黃、粉紅色為吉。

西北方則以白色或奶油色等色彩清新的花為吉。

廚房外的風水術

廚房有瓦斯爐、流理台，地面的油污也是大凶。尤其就風水而言，如果換氣扇骯髒時，會掀露家中的秘密。再怎麼打掃還是會聽到一些不好傳聞的人，或是和鄰居相處不睦的人，在換氣扇外擺盆花，就能使運氣改變。

在廚房的換氣扇外，種植與方位相合的花，尤其選擇粉紅、白、橘、藍色等的花，就不會使秘密外露。

如果在鬼門設有廚房的人，要以白色為主。如果是西方設有廚房的人以黃色為主。如果廚房在南邊，則必須和植木一起種植。

一般的大廈住戶則可以在爐台附近擺一些小的花朵。

風水上認為廚房能掌握財運。因此，為了提升財運，最好擁有一個色彩豐富的廚房。以顏色而言，綠、橘、黃色較好。

可以配合顏色擺設花。

寢室外的風水術

如果寢室位於能夠看到庭園的地方，利用園藝和設計，能使你的人生大吉。

如果寢室有窗戶可以採光通風時，則不需要大窗。如果庭園在前方時，就可以做大窗，過著從寢室就能眺望庭園的生活。

以下探討依寢室方位的不同，提升風水力的園藝設計。

但是，會依窗子在寢室的哪一側而有不同的情況出現。如果窗子在西方，夏天時太陽西曬，因此必須在庭園種植夏季時枝葉茂密的樹木。

風水上認為，北方的庭園和東方、南方的庭園同為吉相。如果沒有庭園，在陽台或窗邊的花台擺盆花，睡眠時就能提高運氣。

北方的寢室

夫妻相處和睦，持續相愛的理想伴侶，但是注意力不容易朝向外部。工作上基本而

◎房間外的風水園藝

小孩房外	寢室外	廁所、浴室外	場所／方位
・粉紅色或白色、橘色的花 ・有陽台時放紅花	・室內使用酒紅色、粉紅色、橘色等的花 ・東邊窗前放白花	・以粉紅色或黃色的花為主	北
・種植白色、黃色或粉紅色的花	・北邊的窗外放白花 ・東邊窗外放黃色與淡藍色的花	・使用白花或花草 ・選擇花瓣不會掉落，容易照顧的植物	東北
・男孩時放白與藍色的花，女孩時放白與紅色的花	・東邊的窗外放紅、藍、黃、白等的大花 ・年長者多放藍色植物	・以紅色和藍色花為基調，搭配季節性植物	東
・男孩時放橘色和紫色的花，女孩時放粉紅、紅、白、黃色的花	・東邊窗外放置會飄散淡淡香氣的花木 ・南邊窗外放橘色和粉紅色的花	・香氣撲鼻的橘色和粉紅色的花	東南
・白色、粉紅色、淡紫色的花 ・窗邊擺一對植物	・東邊的庭園種白色與粉紅色的花 ・南邊的庭園種橘色和藍色的花	・橘色或白色的花 ・其他植物的也可以	南
・庭園或陽台多種植觀葉植物	・南邊的窗外放紫羅蘭色的花和樹陰草類 ・西邊窗外種黃色和粉紅色的花	・黃色、白色或紫色的花為主 ・紫羅蘭等小花也可以	西南
・以黃色和粉紅色花及綠色植物為主的園藝	・西邊窗外種黃色和粉紅色的花 ・種植橘子或梨等會結黃色果實的樹木	・白色、黃色、粉紅色的花為吉	西
・種樹及白花 ・男孩加上黃色的花，女孩加上粉紅的花	・西邊窗外種樹木及黃色的花 ・北邊窗外種植羊齒類和較大的樹木	・白色或奶油色等冷靜的顏色比較好	西北

言屬於以自我為主型。會努力地工作，適合經理或事務等工作。

寢室狹窄時，可利用觀葉植物或花等的力量。選擇酒紅、粉紅、橘色等暖色系列的花，也可以裝飾一些小花或大花。

朝向東的窗外可以加上白花。苔蘚或羊齒類植物也可以。

東北方的寢室

丈夫忙於工作，夫妻沒有辦法溝通，過著凌亂的生活。經常調職。為了能應付任何事情，寢室必須保持清潔的印象。

北側的窗外放白色的花。東側窗外的庭園可以種植黃色和淡藍色的花。

東方的寢室

會成為積極的夫妻。尤其年輕夫妻的工作會充滿幹勁，也能享受個人的隱私。

業種方面適合以音樂、情報相關事業為吉。東方窗戶庭園可以種植紅色、藍白、黃色、白色等大型花。

相反地，年長的夫妻也許欠缺平靜。如果希望更悠閒，可以多種一些藍色的花。

東南方的寢室

工作上得到信賴，獲得周圍眾人的援助，能夠順利晉陞，本人如果努力，一定能成功。

東方窗外庭園種植能夠散發淡淡香氣的花和樹木。南方窗外種植橘色和粉紅色的花，及枝葉茂盛的樹木。

但是，一定要避免日照和通風不良。

南方的寢室

具有創造才能。具有美感及很好的靈感，在發揮這些優點的職業上能夠成名。但是屬於夜型生活傾向。

生活方面太過於奢華，因此最好在東邊的庭園種白色或粉紅色的花，南邊的庭園種一對樹木，或橘色和藍色的花。

西南方的寢室

比較平靜，具有穩定的情愛。屬於比較篤實的伴侶。丈夫對工作較認真，妻子則是賢妻良母。但是，缺點是過於沈悶。

在南方窗外的庭園種紫羅蘭色的花和樹陰草類。西邊窗外則種黃色和粉紅色的花，以及會結黃色果實的樹木。

西方的寢室

西方是最適合安眠的寢室。特別是四十歲以下的夫妻最適合。會因為自營業而成功。過著快樂的生活。

西邊的窗外可以擺黃色和粉紅色的花。此外，也可以種植會結出橘子或甜梨等黃色果實的樹木，能夠遮擋西曬陽光。

西北的寢室

是理想的寢室。丈夫隨著年齡的增長，社會地位會提升，能夠擔任重要的職務。在家庭中丈夫掌握主導權，妻子順從則能成為一對好夫妻。

西方窗外種植樹木及黃色的花，北方窗外種植羊齒類及較大的樹木。如果種植酒紅系列的花，能夠提高幸運度。種植白花能過著平安無事的人生。

小孩房外的風水術

小孩房設在能夠曬到南方太陽的地方。為了培養健康開朗的孩子，父母親還是要考慮陽光和通風的問題。此外，在陽台和庭園種植能提升運氣的花和樹木也是不可或缺的。

尤其對於小孩而言，最不適合的是正西方和西南方、西北方和北方的小孩房，因此必須利用園藝加以彌補。

如果小孩房在西南方時，窗外的庭園和陽台必須種植觀葉植物。經常囉嗦的孩子可以利用紫色、紅色及白色花的搭配組合。

如果是西方小孩房，則以黃色、粉紅色和綠色花為主，進行園藝設計，孩子就能平靜下來，好好用功。如果稍微缺乏幹勁，則可以利用白色與紅色的花。

西北方的小孩房孩子的責任感較強，可以種植樹木與白花。如果是男孩要加上黃花，女孩則加上粉紅色的花。

北方的小孩房適合用功。但性格方面太過於溫馴、運氣不足。所以看得到的地方都要種植粉紅色、橘色、白色的花，酒紅色的花也不錯。尤其沒有辦法直接曬到太陽，因此在陽台擺紅色的花，才能產生活力與幹勁。

如果在東北方，對男孩而言是好方位，女孩則比較輕浮。太過於有元氣而不喜歡坐在桌前，爭執不斷。所以要利用白花、黃色和粉紅色的花進行園藝設計。

在東方的小孩房，不論男孩女孩都很活潑，非常熱鬧。情緒起伏不定，這種現象會強烈反映在學習上。男孩要使用白色、藍色的花，女孩使用白色、紅色的花。對於健康面稍微感覺不安，所以最好加入黃色與粉紅色的花。

東南方的小孩房對女孩而言是最好的方位。在屋外種植粉紅色、紅、白、黃色四色花最好。種植有香氣的花。如果是男孩個性太好令人擔心。可以種植不太大的樹木，或是紫色、橘色的花及樹陰草。

南方的小孩房孩子語氣成熟，好像大人一般，擁有自由奔放的性格。但非常任性、情緒不穩定、焦躁易怒。窗邊種植一對植物。如果種花則選擇暖色系列的淡藍色花。白色、粉紅色、淡紫色也可以，如果種太多深紅色的花，容易生氣。

必須了解的宅邸打掃方法

據說要消除災禍，只要感謝大地的神明就可以了。

進行建築工程之前，必須要先念祝辭，向大地表示感謝，另一個目的就是要避開方位的凶意。從住家的中心建造庭園時，必須要看方位，避開凶方位。

如果你認為「這沒什麼關係」，不過如果能注意這些作法，則同樣的庭園更能出現吉的力量。

孩提時代看到只在庭園中種一棵庭木的人，其人生並不理想，所以必須多注意。一定要絕對有效地活用土地，在土地上建立吉相家園居住，才能得到好的影響。

希望過得幸福，或是沒有遇到好事的人，一個月中有一、二次將粗鹽和酒灑在土地的四角和房間的角落，清淨土地吧！

建地有陷凹處或變形時，可以使用。持續這麼做可以使居住環境清淨，帶來好運。

方法是在宅邸的四角，以宅邸角為頂點，畫出三角形，三點如圖所示擺上堆起的粗

◎宅邸的清掃方式

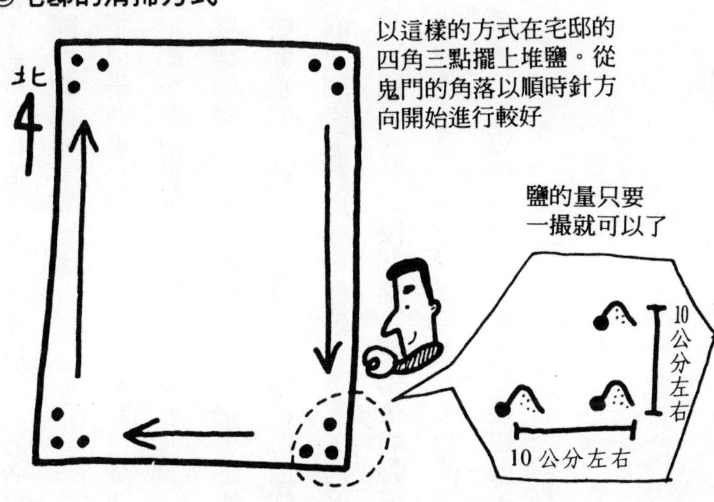

鹽（距離頂點的鹽每隔十公分擺上一堆鹽）。

這時從接近鬼門的角落，以順時針的方向依序擺上鹽是正式的做法，粗鹽量只要一撮就夠了。

一撮鹽擺三次，再移到下一個角落，同樣擺三次，再移到下一個角落。就能繞宅邸一圈，將酒倒入小盤中，撒在紅淡比葉上，或是用酒沾濕葉子，撒在四角。

即使鹽被雨打濕、被風吹走都不必在意。在都會中，與鄰地的空間狹窄，無法對住家的四角進行這些儀式時，則和大廈同樣，可在住家或房間內進行。

堆鹽具有提高人際關係的效果。原本具

有清淨店的入口高朋滿座，不讓客人將各種麻煩帶入店內時，在告別式後用鹽清淨環境也是同樣的道理。

不只是做生意的店舖，一般家庭也是同樣的。在玄關堆鹽，能使得家人及出入家中的人，都不會把討厭的氣帶入家中。

堆鹽的儀式一個月進行二、三次。感覺力道弱時，一週進行二、三次。

最簡單的方法，就是將粗鹽擺在白色的小碟子中，好像夾住門似地，擺在玄關外側的二處。如果擺在戶外令你感到不安，則擺在裡面也無妨。這時一定要灑清酒，就一定能淨化玄關，提升人際關係。使用後的鹽怎麼處置都無妨。

堆鹽的適量，只要堆滿直徑五公分的醬酒碟子就可以了。

堆鹽擺在鬼門也有效，除了堆鹽以外，在鬼門裝飾細竹葉也可以。

第六章

屋外設備與風水術

【……目的別，花的顏色……】

香雪蘭
〔戀愛運〕白、藍

聖誕薔薇
〔健康運〕白〔戀愛運〕白、粉紅

屋外設備與風水

哪怕只是一般住家，家中花瓶的擺設位置都有可能提升家中的力量。屋外設備指的是外部的庭園和外圍，屋外設備與建物之間有密切關係。

門與庭的關係

門的種類有很多。包括有屋頂的冠木門或是沒有屋頂的門等。

門表現格，表現這個住家的格，因此如果與家的格不合，當然不好。帶有屋頂的門格為上，而圍牆具有同樣的格也比較好。

在冠木門前有松樹，是古人所嚮往的。就風水觀點而言，不管是哪種方位的門都適合。

此外，看一些古宅經常看到石的門柱。石具有陰氣，而建物有陽氣，庭園為陰氣，因此整體而言，陰氣太強並不好。

門或圍牆等屋外設備，不能忽視庭園。植物與花的屋外設備，必須搭配組合才能成為吉相。也就是說，決定屋外設備好壞的是綠與花的力量。

動物與庭園

談及庭園，一般人會想到動物。有些人會為狗或小鳥建一間小屋。如果興建鳥能聚集的庭園，需要種植能夠成為鳥食的具有果實的植物。或是擺設一些能夠餵鳥的台子，使氣氛完全改變，成為快樂的庭園。

建造庭園時，也要納入這種屋外設備的想法，使庭園富於變化。

從開放式變爲封閉式

美國和加拿大等地會建造一些沒有圍牆的開放式庭園。例如在道路到住家之間設置花壇或草地等。

也就是說，車道、街路樹、步道到家為止的庭園、草地，有花壇、前廊和車庫。這一切的平衡，形成美式庭園建築的特徵，大都是越過庭園就可以看到住家的開放式。開放式庭園具有開放感，非常明朗。居住在其中的人努力照顧，使得整個城鎮非常美麗。

但是，對於喜歡風水的香港人而言，「樹會阻礙氣」，因此不會在庭園中種植太大的樹木。住在香港的英國人或其他國家的人之住宅，有些是歐式庭園，但大都是很簡單的。

東方庭園不是開放式的，會利用圍牆圍住庭園，成為自家才有的院子，從坪庭或起居室看來，是只有自己才能欣賞的庭園。

最近許多建物都興建前庭，因此，整個城鎮都變得美麗了。

很多人認為庭園是「欣賞的庭園」或「外面的起居室」。重視格式與作法的古典庭園建築，在現代的住宅中根本辦不到。但是，以風水的觀點來看，也可以加以挑戰，利用建造傳統庭園的方式，建造一個好庭園。

不要畏懼任何格式或作法，一定要像開運空間的創造挑戰。

我認為庭園非常重要。因為建物為陽、庭園為陰，陰陽調和，才能「從陽之中享受陰之樂」，或相反地「透過陰享受陽之樂」。如果住宅為凶相，但是庭園為吉相時，則全體而言就能成為吉相。

最低限度要有多寬廣的面積，才能形成吉相庭園呢？

即使是狹小的空間，我認為還是可以形成吉相庭園。即使沒有日照良好的南側庭園也無妨。

植木配合時代演變不斷地改良，在日照不良處或狹窄的地區，仍然有很多植物會開花。

狹小都會型庭園的建造法，已經完全改變了。利用具有某種程度高度的圍牆圍繞住家，把庭園視為家的一部分，使庭園與房子一體化的人增加了。雖然和用圍牆圍住的古代庭園稍有不同，但是這種封閉式的庭園，就風水而言，較容易成為吉相。

不只是封閉而已。是能夠共有用圍牆圍繞的防風防雨的空間，以及用圍牆圍繞的太陽和風雨能保持自然狀態的空間。

一般而言，如果是三層樓的建築物，如何使建物和用圍牆圍繞的庭園間產生一體感，是建造庭園特別重要的一點。

不只是在南側有庭園的住家，在圍牆圍繞的西邊或北邊，哪怕只是利用小小的部分建造庭園，以風水而言也能提升建物的運氣。

從風水觀點看庭園的使用方法

有很多人已經把庭園視為房間的一部分而建造庭園，消除屋外設備牆壁，使兩者產生一體感，享受建造庭園之樂。也就是說，進行基本設計時，就要進行建物與屋外設備庭園一體化的設計。

如果是新蓋的房子，從平面計畫和高度的關係而進行立面計畫，但是關於屋外設備和庭園，大都是後來才考慮。認為住家是住家、庭園是庭園，先建成住家之後，如果有剩下的土地和空間，再建造庭園，這是一般人的想法。

如果要創造一個提升好運的家，提升好運的庭園，最重要的就是建物的家相方位與立面，以及出入口、開口部的方位及顏色，還有庭園的方位、植木的形狀，花壇的形狀和花的顏色。

以植木的形狀而言，例如西北邊植物修剪成圓形四方形較好。而西邊可以種植樹陰草等低矮的樹木，附近可以種植黃色的花，南邊則種植較高的一對樹木，或種植橘色的花。進行基本設計時如果能考慮這些問題，就不必太在意平面家相的吉凶了。

牆壁顏色的風水

牆壁顏色對於建造庭園而言是重要要素。建物為主角，而主角所穿的衣服顏色當然很重要。對於庭園而言，外壁的顏色非常重要，相信各位了解。

日本住宅經常使用茶色系列。並不是美麗的顏色。如果使用比較豪華的顏色，一般人認為太沒有美感，因而沒有辦法使庭園看起來更美。

但是，在歐洲和美國等地，住宅外牆有各種不同的顏色，包括橘色系列或粉紅色、藍色，非常美麗。外牆和庭園的花及樹木的顏色，對於陰陽調和而言非常重要。

如果使用藍色系列的牆壁，也就是傾向於陰的外牆的顏色，具庭園的花最好是能開暖色系列的花。藍色的牆壁如果再開藍色系列的花，陰與陰搭配並不好，因此，一定要使用暖色系列的花。

茶色系列或米黃色系列與綠色搭配沒有問題，也就是，種植綠色植物最好同時考慮暖色系列和寒色系列花的平衡。

長廊與舖石

就風水觀點而言，長廊較長比較好。因為長廊較長表示幸運的氣容易流入家中。

到底要多長呢？

關於這一點，因宅邸和住家的大小不同而異。如果前面道路為四～八公尺時，則①門柱間為一・八公尺以上，②長廊寬度為一・三五公尺以上，③長廊長度超過建物樑間以上的長度最理想。

當然具有各種條件，不能夠隨心所欲，這時可以利用以下的工夫。

①長廊的寬度較寬。②從道路到停車位、玄關門、到玄關大廳為止的空間，就面積上而言盡量寬些。③前面道路在四公尺以下時，門柱間的長度與道路寬度相同。

其次，就風水觀點而言，車庫和長廊設置在一起並不好。

這時，只有長廊的部分利用踏腳石改變地面的裝璜，就能改變格。當然，如果能和花壇區分就更好了。如果辦不到，車庫可以舖水泥，而玄關長廊則貼瓷磚等改變裝璜。

◎長廊的設計

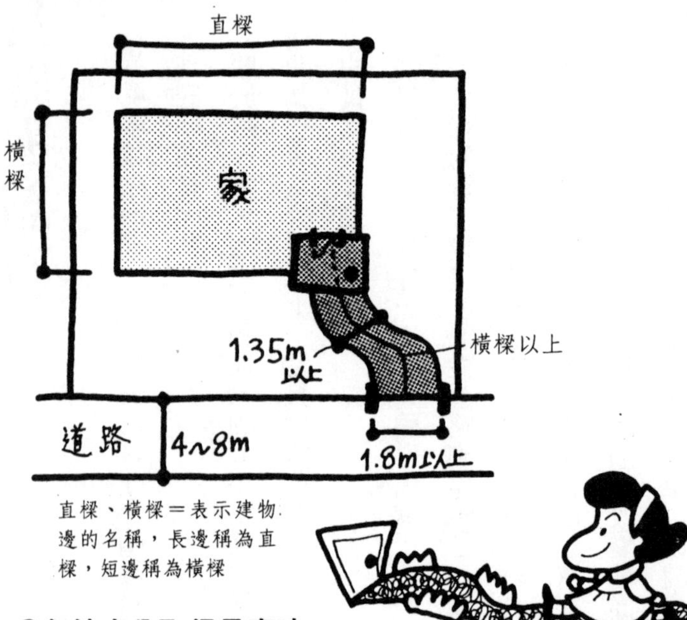

直樑、橫樑＝表示建物邊的名稱，長邊稱為直樑，短邊稱為橫樑

◎無法充分取得長廊時

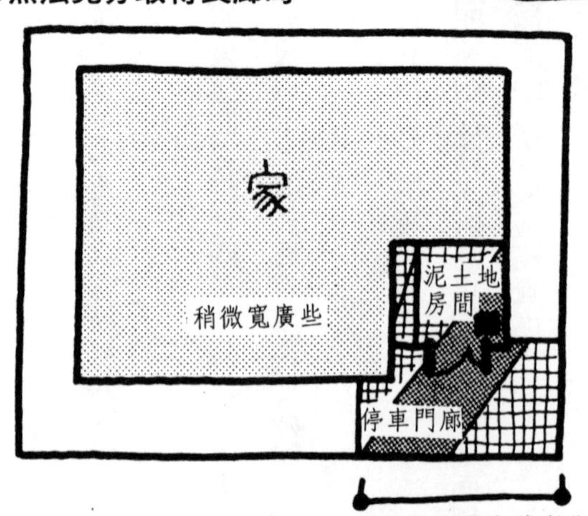

停車門廊寬度稍寬些

此外，長廊也有各種不同的型態。

●鋪小石子

利用建物和圍牆之間的空地，參考神社的參道和寺廟的庭園等建造長廊。

左右用樹籬圍繞的長廊非常好。清掃落葉非常麻煩，所以一定要仔細考慮植木的種類。

●擺設踏腳石

小石子道路非常適合搭配踏腳石，而且如果左右有綠意就更好了。此外，建物以圍牆圍繞的長廊沒有種植樹木，或是因為日照的關係而無法生長時，也可以採取這種對策。

●在踏腳石之間種植植物

如果是有日照的長廊，與其在踏腳石周圍鋪小石子，還不如栽種植物，較容易成為吉相。

●鋪花崗石

鋪石頭的長廊，一般人很少使用具有高級感的黑石頭。因為就風水上而言，黑石頭在玄關內為凶。但是如果用在土的地方可巧妙地用在左右。

●貼瓷磚

如果有樓梯時，一般會貼瓷磚，較容易產生色彩，而且因大小不同，較容易產生變化，是非常大眾化的素材。

●貼磚塊

建造花壇時，排一些磚塊……，很多人會這麼想。因為是容易處理的素材，對於建造庭園或建造長廊而言，是不可或缺的。可利用顏色或光澤等產生變化。

●使用水泥

一般而言會使用水泥，但是容易凹凸不平，外行人很難自己動手。而且還要考慮排水的問題，必須形成坡度才行。

●維持泥土原狀

最近很少看到這種情形了。不過就風水而言，這是最好的狀態。最重要的是一定要打掃乾淨。

置物的風水

●庭石

不可以使用有來歷的石頭或很難搬運的大石頭。因為陰氣太強的石頭會奪走庭園的好運氣。

●燈籠

如果有象徵庭園的燈籠，可以掛在庭園。但是倒下來非常危險，一定要多注意。具有彌補陷凹的力量。

●石製洗手盆

避免擺在西方或南方的正中線上。

●庭園燈

高一・八公尺，選擇與方位相合的顏色的柱子。同時要以方位的概念考慮電燈泡和燈罩的形狀。

和樹木同樣地，設置在宅邸有陷凹的部分，具有加以彌補的力量。

●**長廊燈**

映照出通達玄關的長廊燈，是非常重要的照明。如果長廊稍短，則照明更有效。可以使北方、西方、西北方等陰的方位稍微明亮些。

●**腳邊燈**

長廊的腳邊安全是必須首先考慮的問題，能夠使長廊更為明亮，對於庭園具有非常重要的作用。

●**圍籬**

圍籬可以讓一些花攀爬，增添氣氛。基本上圍籬本身具有防範的作用，因此，外觀上並不好看。但是，如果有花纏繞時，則氣氛完全改變。

在一無所有的水泥牆上擺幾盆花，能使運氣完全改變。如果圍籬的上下有花時，也能增添氣氛。尤其搭配爬蔓薔薇等，更能增添氣氛。

●**烤肉區**

使用磚塊等架設烤肉區也不錯。烤肉區是全家人在自然中聚在一起的好地方，此外也可以扮演招待朋友的快樂空間。

不論是臨時擺設的烤肉位置，或是利用磚塊在庭園的一角做成烤肉區時，烤肉爐的位置，絕對不能設在正中線或鬼門線上。一般而言，最好避開東南或西北的四角線上，如果一定要擺在這些線上時，每次使用時一定要利用粗鹽和清酒打掃烤肉爐。

此外，也可以在平台上擺烤肉爐或市售的簡便烤肉爐架等，享受烤肉之樂。

●庭園傢俱

平台庭園中不可或缺的，就是桌椅等小物件。屋頂庭園非常適合大理石的桌椅。此外，陶製的簡單小圓椅也不錯。也可以使用鐵桌、鐵椅或塑膠製品。當然，如果能夠使用帶有扶手的長椅也可以。塑膠製椅子的優點是放在外面也無妨。

●花架

最近，在玄關處擺設將各種木頭組合而成的花架的家庭增加了。

雖然只是一片白色牆壁，但是，擺設花架就能使空間氣氛完全改變。花架上放些植物，景觀就更不同了。

如果是日式庭園，可以利用竹籬笆等做成花架。如果沒有樹籬時，可以利用花架改變氣氛。

做成斜格子狀或四方形格子狀，具有各種不同的方法。顏色和設計可自由進行。擺在西南邊、西邊或西北邊時，使用能夠發揮木頭本質的茶色系列。如果是塗上白漆的花架，擺在任何方位都可以。鮮紅色擺在東方，鮮黃色擺在西方，具有很好的效果。

●金魚飼養在魚缸中

在玄關前經常看得到。放一些水草看起來更美觀。但是和石製洗手盆一樣，必須考慮方位而設置。

●門牌

在門柱和門旁的位置可以掛上適合的門牌。不論是素材或直寫、橫寫都無妨。但是，掛在玄關門口時，則要在檜木板的門上用墨直行書寫，而且簽上全名。

●郵筒

和門牌同樣地表現屋外設備的技巧，有各種不同的設計，不過我對於門四周的設計感到非常苦惱。因為如果在郵筒上寫名字而不掛門牌為凶。但是如果郵筒上寫了名字時，門牌請掛在別的地方吧！

圍牆、圍籬、樹籬與風水

先前敘述過，近來封閉式庭園增加了。圍牆也逐漸增高了。

如果以具體的數字說明，一．八公尺以上的高牆在興建時，圍牆與建物之間至少必須隔開一．八公尺。也就是說，要與圍牆的高度具有同樣的距離。

興建高牆的目的是為了擋風。通常是擋北風和西北風，所以要在這個方向種植樹木。藉由圍牆和樹木防風。

必須注意的是，如果在東、東南、南方位興建高牆，會阻礙運氣。

有些人會在建物的周圍使用水泥，不過，如此一來雖然可以使泥土的濕氣不會蒸發，但是反而會使地面下產生濕氣，不算是好的方法。

如果要興建牆外狹道，或是環境上必須興建時，必須進行以下的家相處理。

①增加基本的換氣口個數。

②改善地面下的換氣。

◎圍牆高度與建物的距離

◎南方、東南方的高牆為凶相

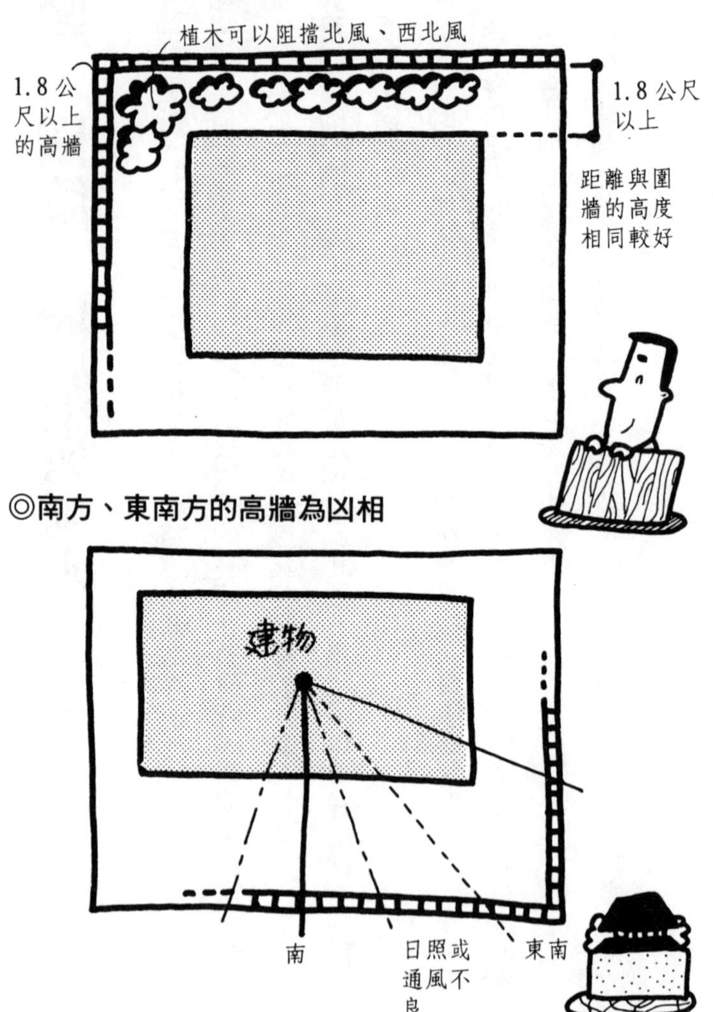

③為了提高地面高度，要將基礎增高。

④地面下的土要比牆外狹道的水泥高度高十公分左右。

※　　※　　※

圍籬可使用鋁製、不鏽鋼、木製等色彩鮮艷，各種不同設計的圍籬。不過，還是要以方位和形、顏色的搭配而決定。

就風水而言，樹籬非常好。有自然的風通過，看起來賞心悅目。一定要在重點處建造樹籬。建造樹籬能使氣氛完全改變。

此外，一般人會使用木牆。使用開洞的木牆，使風能夠鑽進牆內。安全性再加上對建物而言為吉相，因此是圍牆的重要因素。

在水泥牆的一部分使用玻璃，能夠透光，而上部能藉著圍籬讓風進入，可以採用各種不同的設計。

看著舖設日式瓦的圍牆等，讓人產生安定感。但一定要注意庭園與門的平衡。

陽台與風水

陽台包括用扶手圍繞，突出於建物沒有屋頂的部分。以及在庭園側沒有屋頂的空間。還有有屋頂的陽台。

如果有一個能曬到太陽的平台，保持自然的平衡較好。當然注意不使木頭腐爛也很重要。最近一些塗料也可防止木頭腐爛。

前些日子到友人家中，發現利用陶瓷塗料加工的不易腐爛的平台。

鋁製的陽台有各種不同的顏色，非常美麗，但是還是比不上木製的陽台，所以最好還是用木頭建造。施工時加上防腐處理，享受木頭之樂。

當成屋外起居室的庭園成為最近的主流，是將庭園當成房子的一部分而使用的方法。或是起居室與庭園相連的方法也不錯。

能感受到自然的風及陽光，利用庭木和花草，將庭園粧點得非常美麗，形成最好的起居空間。

屋外起居室的想法，最普遍的就是做一張平台當成起居室的延長。休假日，從早上開始，就可以在那兒吃點早餐，傍晚可以烤肉等，利用這種空間做各種享受。

當然，很多人認為如果土地不是很寬廣時，根本辦不到，但是我認為即使是狹窄的平台，在與鄰地的圍牆邊種植一些樹木，形成從起居室只要穿拖鞋就能走出去的空間，或是放一些盆栽，也是很好的方法。

在當成遮眼用的圍籬上掛一些吊籃，擺一些盆栽也不錯。依各種不同的活用法，平台可做有效的利用。

如果是木製平台，與花的顏色相映，具有非常好效果。最近我自己也做木製平台。與其在家中喝茶，還不如在木製平台上喝個下午茶，感覺更快樂。

如果使用木製平台，與用瓷磚或水泥的陽台之間，會產生完全不同的力量。也就是說，木製平台有一個突出的平面，能夠形成更寬廣的空間。

木製平台可以搭配發揮素材特質的桌椅、花盆等。木製平台在夜間也可以使用，因此需要照明。

總之，你可以過著在藍空下閱讀、聽音樂的生活。

最近流行所謂「陽光屋」，也就是窗戶的玻璃一直延伸到屋頂，或是在屋外空間做一個突出的起居室。這時必須注意的是，陽光屋建造的方位，會造成吉凶的影響，而且建造時期也必須要考慮。

面對外部的門，一定要能夠自由開關、全開的門。季節好的時候打開、冬天緊閉。冬夏都能使用，這種陽光屋不論冬天或春天，花朵都能盛開，這是它的優點。

除了木製平台、陽光屋外，最簡單的就是在庭園的一部分貼些瓷磚或鋪上水泥、磚塊，建造陽台。

鋪一些色彩美麗的瓷磚、磚塊，周圍種一些花草，更能形成庭園的空間。

依陽台形狀和方位的不同，如果在東北方比較好，如果在西方或西北方時，則圓形的比較好，在東方有時可以使用三角形或其他形狀，可以享受各種樂趣。此外，可將一部分隔開來當成烤肉區使用。

停車場與車庫

依方位的不同，停車場或車庫到底該如何裝飾較好呢？當然，必須依照整體建物的印象，以及建造庭園的條件來考慮，但是還是要進行風水處理。

帶有屋頂的車庫，要以家的中心考慮方位，而沒有屋頂的停車場則要以土地的中心考慮方位。但是，如果事後才興建沒有屋頂的停車場時，則要以家的中心來探討。

此外，即使帶有屋頂，還是要以建物的中心探討方位的吉凶。停車位或車庫的風水吉凶，能夠提升土地和建物的風水力，同時也是促進安全開車生活的重點。帶有屋頂時，必須考慮日照的問題。

道路能夠召喚幸運，方位具有各種不同的特徵。以下舉例說明。

首先是**北道路**。以風水的家相而言，相當於「水」的方位。具有能夠冷靜處理事物的傾向。太過於慎重，有時反而會遭遇意外事故。

面對北側道路的車庫，從宅邸中心看來在西北方時，碰到太陽西曬，是溫差較大的地方，所以必須下工夫減輕車子的負擔，而且要興建一個高級的車庫。

北側道路的北方向，一不小心容易丟掉東西，造成失誤。因此備品的管理必須多注意。而且要增加照明，以便找尋東西。

東北的方向時，東北是帶有變化能量的方位，因此駕駛員在開車時必須保持平常心。非常適合白色。

如果車庫設在東北方，在北風進入的北側妥善使用一面牆，就能召喚運氣。

東道路時，東是「雷」的方位，也象徵旭日東升的方向，具有躍動的力量。因此容易急躁。注意開車的速度不要太快。

東側道路東的方向，喜歡新的事物，因此可能頻頻換車。必須注意車子的維持與管理。紅色和藍色是召喚幸運的顏色。

如果車庫在東南方時，具有對車子產生過度信賴感的傾向。所以不要忘記車子的安全檢查。可以將與花有關的東西放在車子或車庫內。

此外，東南方向好的香氣能召喚運氣，因此可在車中放芳香劑。是透過車子能加強人際關係的方位。所以車庫絕對不能有惡臭。

西方是與口有關的方位。容易太多話，而且有注意力散漫的傾向。因此駕駛和坐在駕駛座旁的人都必須要多加注意。

西道路西北方向有車庫時，不要只把車子放入車庫就不管了，周圍應該擺一些高級感的東西。尤其注意門等，更能召喚運氣。也要處理西曬的問題。

西邊有車庫時，最大的重點是遮蔽西曬。濕氣對策也很重要。

西南方有車庫時，有重視車子的傾向。不喜歡新的東西，非常頑固。適合茶色，車庫可以使用茶色系列的。

此外，過於執著老舊的東西，車庫內容易堆積一些東西，因此要多清掃整理。

南道路是「火」的方位，怒氣太強，是容易生氣的方位。必須經常保持冷靜駕駛。

如果車庫在南邊，有強烈的虛榮心。想要改造車子。必須將車子好好地擺在車庫中，尤其必須注意車子的金屬部分。

此外，最近以都市為主，樓上式、地下式的停車場增加了。

樓上式的停車場必須注意安全性的問題。

地下停車場也很多。必須注意排水、換氣、防犯的問題。

車庫和停車場在風水家相發祥時，相當於馬廄和倉庫。也就是說，如果在宅邸內沒有車庫是最好的。

運氣方面，例如在好的場所興建家園，可是如果住得不舒服，沒有辦法長居，為各位介紹幾個召喚吉相的重點。

·前面道路的寬度是否寬廣安全。
·高度是否剛好，人不必彎下身子就能出入嗎？
·出入口的視線是否良好。
·是否整理整齊，能夠順利出入。
·與整體建物是否能取得外觀上的協調。
·照明是否足夠。
·通氣、換氣是否完善。
·是否注意色彩的使用及裝飾。
·是否做好排水處理。

此外，車體骯髒或方向盤骯髒時，則會失去安全駕駛的運氣，所以要保持車庫地面的清潔，同時也要注意車身、方向盤的清潔。

利用涼亭召喚好運

遮陽棚或涼亭對於庭園而言也是不可或缺的角色。遮陽棚一般使用的是藤架。除了藤架以外，也可以種一些葡萄或奇異果等，享受果實的美味。

前些日子我拜訪某家住宅時，在東南方大的涼亭之下喝茶。雖然沒有種植任何植物，但是漆成橘色的涼亭色彩鮮艷，賞心悅目。

有些人會在磚房的屋頂搭玫瑰棚架。西邊的宅邸延長處有兼用的長廊，但是光靠玫瑰棚架就能使氣氛煥然一新，非常可愛。

此外，也可以在陽台搭奇異果架。扶手上也可以讓葡萄藤爬行，又有美味果實可供享受。如果附近有較高的大廈，擔心別人從上方可以看見房間內部時，可以搭棚架或涼亭，使得運氣完全改變。

在庭園正中央單獨利用棚架分隔開來，也可以當成簡單的亭子。此外，還有獨立的涼亭或安置牆壁的涼亭也不錯。

倉庫的風水術

倉庫可防止宅邸或建物的凶相。

對於正屋的住家而言，倉庫應該視為別棟，距離稍遠，設置新倉庫時，和建物同樣地，必須考慮方位的問題。首先必須確定設置的位置並非凶方位。

方位是以家的中心而決定八方位。如果跨二個以上方位時，則重視面積較大者。

例如，九七年東、西、西南為凶方位。從家的中心看來必須避開這些方位設置倉庫。九八年則不可以在東北或西南，九九年不可以在北與南設置倉庫。

進行家中的建築工程時同時設置倉庫，或是在建築後一百天內設置倉庫也沒有問題。如果這個家的形狀有陷凹處出現時，在這個部分設置倉庫就可以彌補。

但是，倉庫為了要召喚幸運，基本條件是非常乾淨。如果將其當成垃圾的保管場使用，則你必須覺悟這個方位會產生不好的作用。不能因為看不到就將不用的東西亂塞在這裡，這麼做並不好。不常使用的東西要去除骯髒，清理之後收藏好。

倉庫的顏色一般以淡綠色或米黃色為吉。

如果庭園中有一些垃圾和不使用的東西堆放而會淋到雨，這樣並不好。原本庭園就不是收納的場所，不得已時必須注意不能阻礙逃生路線而安置倉庫。

依八方位的不同，倉庫的吉相顏色如下：

- **東**——屋頂等使用紅色。
- **東南、南、西南**——綠色或白色。
- **西**——奶油色、茶色。
- **西北**——米黃、綠色、茶色。
- **北、東北**——以白色、奶油色等為主。

這種顏色風水可以使庭園、外部結構及建物本身產生吉相。

後記

一九九七年是重視健康與自立之年，二十一世紀的運氣已經開始活動了。

為了自立、發揮才能、享受人生，健康最重要。創造健康不可或缺的就是環境，而環境中最重要的就是如何消除壓力。

有些人藉由喜愛動物而治療自己的心靈。因此掀起飼養貓、狗、熱帶魚等的旋風。此外，有些人則喜歡種植花草發散壓力。

身為建築家的我過了四十歲以後，不只在工作上，對花草和庭木也產生了興趣。不只是種植，甚至已經產生了培養的興趣。

就風水而言，園藝是開運的行為。也就是說，園藝能掀起旋風，就是因為這是一種能使自己幸福的行為。

在此我敢對讀者斷言的是，從一九九八年開始，我認為建造庭園園藝是強力開運行為。今後我也希望能藉由園藝轉換自己的心情、消除壓力，得到好運，走向健康的人生。

當我前往海外旅行時，對於建物本身感興趣，但是對於庭園與建物的關係以及園藝，產生最強烈的興趣。

現在正在建築中的我的新家，是採用三宅大神的外社、都市型封閉式庭園的設計。從中世紀開始在歐洲用石頭圍繞的建物中，興建了中庭，享受造園之樂。雖然不必談到中庭文化，但是在都會中也盛行封閉式的庭園建築。

土地並不廣大的都會庭園，可以從以大樹木為主的庭園建造，換成以花草為主的園藝。另一方面，日式庭園仍然受人喜愛。我想很多人還是希望一邊欣賞日式庭園一邊養老吧！

首先是庭園必須花長久的歲月加以培養，這是一種樂趣，因此可以和居住環境一起走完人生之路。我認識一位有錢的老人，在六十歲之前對於庭園完全沒有興趣，但是現在將每天在自家的庭園中散步，當成不可或缺的日常生活。

前些日子我去他的家中拜訪時，發現他的庭園中設置了扶手。我想老人一定是一邊扶著扶手、一邊拄著拐杖，一步一步地繞行庭園，好像每天都對著花草說話似地養老吧！

只懂得做生意的人，到了晚年，能過著這種與庭園的花草樹木為伍的生活，表示他非常了解自然的重要性。

因此，即使在人生最華麗的時代，每天在日常生活中都必須要巧妙運用花、綠與風。環境開運學風水絕對不能忽略得到自然及大地恩惠的花草樹木。這次有機會和各位談及園藝風水，完成與許多讀者之間的約定。僅僅一本書就能述說園藝風水。

當然還有許多未盡詳細處，但是我自認為自己的庭園風水書堪稱日本第一。

這本著書也是一邊眺望庭園一邊寫下來的。我就在眺望庭園的花朵中過了四十幾歲的生活。我今年已經五十歲了，預定重新建造庭園。以往我考慮在普通的郊外興建稍微寬廣的庭園，不過這次我想向狹窄封閉型的都會型庭園挑戰。

我的朋友的辦公室旁有青山環繞，而我則過著完全相反的生活。住在都心擁有狹窄封閉庭園的住家中，卻在廣大的郊外擁有辦公室。我想利用風水向這種生活挑戰。因為我認為這樣才能提升我的設計才能及文才。

書寫本書時，幸賴主婦與生活社的園藝部主編山本忠以及笹川洋子，和元氣工房的榎本桂三等人幫助，在此表示謝意。

Dr.小林・小林祥晃

大展出版社有限公司　圖書目錄

地址：台北市北投區(石牌)　電話：(02)28236031
致遠一路二段12巷1號　28236033
郵撥：0166955～1　傳真：(02)28272069

・法律專欄連載・電腦編號 58

台大法學院　法律學系／策劃
法律服務社／編著

1. 別讓您的權利睡著了 1　200元
2. 別讓您的權利睡著了 2　200元

・秘傳占卜系列・電腦編號 14

1. 手相術　淺野八郎著　180元
2. 人相術　淺野八郎著　150元
3. 西洋占星術　淺野八郎著　180元
4. 中國神奇占卜　淺野八郎著　150元
5. 夢判斷　淺野八郎著　150元
6. 前世、來世占卜　淺野八郎著　150元
7. 法國式血型學　淺野八郎著　150元
8. 靈感、符咒學　淺野八郎著　150元
9. 紙牌占卜學　淺野八郎著　150元
10. ESP超能力占卜　淺野八郎著　150元
11. 猶太數的秘術　淺野八郎著　150元
12. 新心理測驗　淺野八郎著　160元
13. 塔羅牌預言秘法　淺野八郎著　200元

・趣味心理講座・電腦編號 15

1. 性格測驗① 探索男與女　淺野八郎著　140元
2. 性格測驗② 透視人心奧秘　淺野八郎著　140元
3. 性格測驗③ 發現陌生的自己　淺野八郎著　140元
4. 性格測驗④ 發現你的真面目　淺野八郎著　140元
5. 性格測驗⑤ 讓你們吃驚　淺野八郎著　140元
6. 性格測驗⑥ 洞穿心理盲點　淺野八郎著　140元
7. 性格測驗⑦ 探索對方心理　淺野八郎著　140元
8. 性格測驗⑧ 由吃認識自己　淺野八郎著　160元
9. 性格測驗⑨ 戀愛知多少　淺野八郎著　160元
10. 性格測驗⑩ 由裝扮瞭解人心　淺野八郎著　160元

11. 性格測驗⑪ 敲開內心玄機　淺野八郎著　140元
12. 性格測驗⑫ 透視你的未來　淺野八郎著　160元
13. 血型與你的一生　淺野八郎著　160元
14. 趣味推理遊戲　淺野八郎著　160元
15. 行為語言解析　淺野八郎著　160元

·婦 幼 天 地· 電腦編號 16

1. 八萬人減肥成果　黃靜香譯　180元
2. 三分鐘減肥體操　楊鴻儒譯　150元
3. 窈窕淑女美髮秘訣　柯素娥譯　130元
4. 使妳更迷人　成　玉譯　130元
5. 女性的更年期　官舒妍編譯　160元
6. 胎內育兒法　李玉瓊編譯　150元
7. 早產兒袋鼠式護理　唐岱蘭譯　200元
8. 初次懷孕與生產　婦幼天地編譯組　180元
9. 初次育兒 12 個月　婦幼天地編譯組　180元
10. 斷乳食與幼兒食　婦幼天地編譯組　180元
11. 培養幼兒能力與性向　婦幼天地編譯組　180元
12. 培養幼兒創造力的玩具與遊戲　婦幼天地編譯組　180元
13. 幼兒的症狀與疾病　婦幼天地編譯組　180元
14. 腿部苗條健美法　婦幼天地編譯組　180元
15. 女性腰痛別忽視　婦幼天地編譯組　150元
16. 舒展身心體操術　李玉瓊編譯　130元
17. 三分鐘臉部體操　趙薇妮著　160元
18. 生動的笑容表情術　趙薇妮著　160元
19. 心曠神怡減肥法　川津祐介著　130元
20. 內衣使妳更美麗　陳玄茹譯　130元
21. 瑜伽美姿美容　黃靜香編著　180元
22. 高雅女性裝扮學　陳珮玲譯　180元
23. 蠶糞肌膚美顏法　坂梨秀子著　160元
24. 認識妳的身體　李玉瓊譯　160元
25. 產後恢復苗條體態　居理安・芙萊喬著　200元
26. 正確護髮美容法　山崎伊久江著　180元
27. 安琪拉美姿養生學　安琪拉蘭斯博瑞著　180元
28. 女體性醫學剖析　增田豐著　220元
29. 懷孕與生產剖析　岡部綾子著　180元
30. 斷奶後的健康育兒　東城百合子著　220元
31. 引出孩子幹勁的責罵藝術　多湖輝著　170元
32. 培養孩子獨立的藝術　多湖輝著　170元
33. 子宮肌瘤與卵巢囊腫　陳秀琳編著　180元
34. 下半身減肥法　納他夏・史達賓著　180元
35. 女性自然美容法　吳雅菁編著　180元
36. 再也不發胖　池園悅太郎著　170元

37. 生男生女控制術　中垣勝裕著　220元
38. 使妳的肌膚更亮麗　楊　皓編著　170元
39. 臉部輪廓變美　芝崎義夫著　180元
40. 斑點、皺紋自己治療　高須克彌著　180元
41. 面皰自己治療　伊藤雄康著　180元
42. 隨心所欲瘦身冥想法　原久子著　180元
43. 胎兒革命　鈴木丈織著　180元
44. NS磁氣平衡法塑造窈窕奇蹟　古屋和江著　180元
45. 享瘦從腳開始　山田陽子著　180元
46. 小改變瘦4公斤　宮本裕子著　180元
47. 軟管減肥瘦身　高橋輝男著　180元
48. 海藻精神秘美容法　劉名揚編著　180元
49. 肌膚保養與脫毛　鈴木真理著　180元
50. 10天減肥3公斤　彤雲編輯組　180元
51. 穿出自己的品味　西村玲子著　280元

·青春天地·電腦編號17

1. A血型與星座　柯素娥編譯　160元
2. B血型與星座　柯素娥編譯　160元
3. 0血型與星座　柯素娥編譯　160元
4. AB血型與星座　柯素娥編譯　120元
5. 青春期性教室　呂貴嵐編譯　130元
6. 事半功倍讀書法　王毅希編譯　150元
7. 難解數學破題　宋釗宜編譯　130元
9. 小論文寫作秘訣　林顯茂編譯　120元
11. 中學生野外遊戲　熊谷康編著　120元
12. 恐怖極短篇　柯素娥編譯　130元
13. 恐怖夜話　小毛驢編譯　130元
14. 恐怖幽默短篇　小毛驢編譯　120元
15. 黑色幽默短篇　小毛驢編譯　120元
16. 靈異怪談　小毛驢編譯　130元
17. 錯覺遊戲　小毛驢編著　130元
18. 整人遊戲　小毛驢編著　150元
19. 有趣的超常識　柯素娥編譯　130元
20. 哦！原來如此　林慶旺編譯　130元
21. 趣味競賽100種　劉名揚編譯　120元
22. 數學謎題入門　宋釗宜編譯　150元
23. 數學謎題解析　宋釗宜編譯　150元
24. 透視男女心理　林慶旺編譯　120元
25. 少女情懷的自白　李桂蘭編譯　120元
26. 由兄弟姊妹看命運　李玉瓊編譯　130元
27. 趣味的科學魔術　林慶旺編譯　150元
28. 趣味的心理實驗室　李燕玲編譯　150元

29. 愛與性心理測驗　小毛驢編譯　130元
30. 刑案推理解謎　小毛驢編譯　130元
31. 偵探常識推理　小毛驢編譯　130元
32. 偵探常識解謎　小毛驢編譯　130元
33. 偵探推理遊戲　小毛驢編譯　130元
34. 趣味的超魔術　廖玉山編著　150元
35. 趣味的珍奇發明　柯素娥編著　150元
36. 登山用具與技巧　陳瑞菊編著　150元
37. 性的漫談　蘇燕謀編著　180元
38. 無的漫談　蘇燕謀編著　180元
39. 黑色漫談　蘇燕謀編著　180元
40. 白色漫談　蘇燕謀編著　180元

·健康天地· 電腦編號 18

1. 壓力的預防與治療　柯素娥編譯　130元
2. 超科學氣的魔力　柯素娥編譯　130元
3. 尿療法治病的神奇　中尾良一著　130元
4. 鐵證如山的尿療法奇蹟　廖玉山譯　120元
5. 一日斷食健康法　葉慈容編譯　150元
6. 胃部強健法　陳炳崑譯　120元
7. 癌症早期檢查法　廖松濤譯　160元
8. 老人痴呆症防止法　柯素娥編譯　130元
9. 松葉汁健康飲料　陳麗芬編譯　130元
10. 揉肚臍健康法　永井秋夫著　150元
11. 過勞死、猝死的預防　卓秀貞編譯　130元
12. 高血壓治療與飲食　藤山順豐著　150元
13. 老人看護指南　柯素娥編譯　150元
14. 美容外科淺談　楊啟宏著　150元
15. 美容外科新境界　楊啟宏著　150元
16. 鹽是天然的醫生　西英司郎著　140元
17. 年輕十歲不是夢　梁瑞麟譯　200元
18. 茶料理治百病　桑野和民著　180元
19. 綠茶治病寶典　桑野和民著　150元
20. 杜仲茶養顏減肥法　西田博著　150元
21. 蜂膠驚人療效　瀨長良三郎著　180元
22. 蜂膠治百病　瀨長良三郎著　180元
23. 醫藥與生活(一)　鄭炳全著　180元
24. 鈣長生寶典　落合敏著　180元
25. 大蒜長生寶典　木下繁太郎著　160元
26. 居家自我健康檢查　石川恭三著　160元
27. 永恆的健康人生　李秀鈴譯　200元
28. 大豆卵磷脂長生寶典　劉雪卿譯　150元
29. 芳香療法　梁艾琳譯　160元

30. 醋長生寶典　柯素娥譯　180 元
31. 從星座透視健康　席拉・吉蒂斯著　180 元
32. 愉悅自在保健學　野本二士夫著　160 元
33. 裸睡健康法　丸山淳士等著　160 元
34. 糖尿病預防與治療　藤田順豐著　180 元
35. 維他命長生寶典　菅原明子著　180 元
36. 維他命 C 新效果　鐘文訓編　150 元
37. 手、腳病理按摩　堤芳朗著　160 元
38. AIDS 瞭解與預防　彼得塔歇爾著　180 元
39. 甲殼質殼聚糖健康法　沈永嘉譯　160 元
40. 神經痛預防與治療　木下真男著　160 元
41. 室內身體鍛鍊法　陳炳崑編著　160 元
42. 吃出健康藥膳　劉大器編著　180 元
43. 自我指壓術　蘇燕謀編著　160 元
44. 紅蘿蔔汁斷食療法　李玉瓊編著　150 元
45. 洗心術健康秘法　竺翠萍編譯　170 元
46. 枇杷葉健康療法　柯素娥編譯　180 元
47. 抗衰血癒　楊啟宏著　180 元
48. 與癌搏鬥記　逸見政孝著　180 元
49. 冬蟲夏草長生寶典　高橋義博著　170 元
50. 痔瘡・大腸疾病先端療法　宮島伸宜著　180 元
51. 膠布治癒頑固慢性病　加瀨建造著　180 元
52. 芝麻神奇健康法　小林貞作著　170 元
53. 香煙能防止癡呆？　高田明和著　180 元
54. 穀菜食治癌療法　佐藤成志著　180 元
55. 貼藥健康法　松原英多著　180 元
56. 克服癌症調和道呼吸法　帶津良一著　180 元
57. B 型肝炎預防與治療　野村喜重郎著　180 元
58. 青春永駐養生導引術　早島正雄著　180 元
59. 改變呼吸法創造健康　原久子著　180 元
60. 荷爾蒙平衡養生秘訣　出村博著　180 元
61. 水美肌健康法　井戶勝富著　170 元
62. 認識食物掌握健康　廖梅珠編著　170 元
63. 痛風劇痛消除法　鈴木吉彥著　180 元
64. 酸莖菌驚人療效　上田明彥著　180 元
65. 大豆卵磷脂治現代病　神津健一著　200 元
66. 時辰療法—危險時刻凌晨 4 時　呂建強等著　180 元
67. 自然治癒力提升法　帶津良一著　180 元
68. 巧妙的氣保健法　藤平墨子著　180 元
69. 治癒 C 型肝炎　熊田博光著　180 元
70. 肝臟病預防與治療　劉名揚編著　180 元
71. 腰痛平衡療法　荒井政信著　180 元
72. 根治多汗症、狐臭　稻葉益巳著　220 元
73. 40 歲以後的骨質疏鬆症　沈永嘉譯　180 元

74. 認識中藥 松下一成著 180元
75. 認識氣的科學 佐佐木茂美著 180元
76. 我戰勝了癌症 安田伸著 180元
77. 斑點是身心的危險信號 中野進著 180元
78. 艾波拉病毒大震撼 玉川重德著 180元
79. 重新還我黑髮 桑名隆一郎著 180元
80. 身體節律與健康 林博史著 180元
81. 生薑治萬病 石原結實著 180元
82. 靈芝治百病 陳瑞東著 180元
83. 木炭驚人的威力 大槻彰著 200元
84. 認識活性氧 井土貴司著 180元
85. 深海鮫治百病 廖玉山編著 180元
86. 神奇的蜂王乳 井上丹治著 180元
87. 卡拉OK健腦法 東潔著 180元
88. 卡拉OK健康法 福田伴男著 180元
89. 醫藥與生活(二) 鄭炳全著 200元
90. 洋蔥治百病 宮尾興平著 180元
91. 年輕10歲快步健康法 石塚忠雄著 180元
92. 石榴的驚人神效 岡本順子著 180元
93. 飲料健康法 白鳥早奈英著 180元
94. 健康棒體操 劉名揚編譯 180元
95. 催眠健康法 蕭京凌編著 180元

・實用女性學講座・電腦編號19

1. 解讀女性內心世界 島田一男著 150元
2. 塑造成熟的女性 島田一男著 150元
3. 女性整體裝扮學 黃靜香編著 180元
4. 女性應對禮儀 黃靜香編著 180元
5. 女性婚前必修 小野十傳著 200元
6. 徹底瞭解女人 田口二州著 180元
7. 拆穿女性謊言88招 島田一男著 200元
8. 解讀女人心 島田一男著 200元
9. 俘獲女性絕招 志賀貢著 200元
10. 愛情的壓力解套 中村理英子著 200元
11. 妳是人見人愛的女孩 廖松濤編著 200元

・校園系列・電腦編號20

1. 讀書集中術 多湖輝著 150元
2. 應考的訣竅 多湖輝著 150元
3. 輕鬆讀書贏得聯考 多湖輝著 150元
4. 讀書記憶秘訣 多湖輝著 150元

5. 視力恢復！超速讀術 江錦雲譯 180元
6. 讀書36計 黃柏松編著 180元
7. 驚人的速讀術 鐘文訓編著 170元
8. 學生課業輔導良方 多湖輝著 180元
9. 超速讀超記憶法 廖松濤編著 180元
10. 速算解題技巧 宋釗宜編著 200元
11. 看圖學英文 陳炳崑編著 200元
12. 讓孩子最喜歡數學 沈永嘉譯 180元
13. 催眠記憶術 林碧清譯 180元

・實用心理學講座・電腦編號21

1. 拆穿欺騙伎倆 多湖輝著 140元
2. 創造好構想 多湖輝著 140元
3. 面對面心理術 多湖輝著 160元
4. 偽裝心理術 多湖輝著 140元
5. 透視人性弱點 多湖輝著 140元
6. 自我表現術 多湖輝著 180元
7. 不可思議的人性心理 多湖輝著 180元
8. 催眠術入門 多湖輝著 150元
9. 責罵部屬的藝術 多湖輝著 150元
10. 精神力 多湖輝著 150元
11. 厚黑說服術 多湖輝著 150元
12. 集中力 多湖輝著 150元
13. 構想力 多湖輝著 150元
14. 深層心理術 多湖輝著 160元
15. 深層語言術 多湖輝著 160元
16. 深層說服術 多湖輝著 180元
17. 掌握潛在心理 多湖輝著 160元
18. 洞悉心理陷阱 多湖輝著 180元
19. 解讀金錢心理 多湖輝著 180元
20. 拆穿語言圈套 多湖輝著 180元
21. 語言的內心玄機 多湖輝著 180元
22. 積極力 多湖輝著 180元

・超現實心理講座・電腦編號22

1. 超意識覺醒法 詹蔚芬編譯 130元
2. 護摩秘法與人生 劉名揚編譯 130元
3. 秘法！超級仙術入門 陸明譯 150元
4. 給地球人的訊息 柯素娥編著 150元
5. 密教的神通力 劉名揚編著 130元
6. 神秘奇妙的世界 平川陽一著 200元

7. 地球文明的超革命　吳秋嬌譯　200 元
8. 力量石的秘密　吳秋嬌譯　180 元
9. 超能力的靈異世界　馬小莉譯　200 元
10. 逃離地球毀滅的命運　吳秋嬌譯　200 元
11. 宇宙與地球終結之謎　南山宏著　200 元
12. 驚世奇功揭秘　傅起鳳著　200 元
13. 啟發身心潛力心象訓練法　栗田昌裕著　180 元
14. 仙道術遁甲法　高藤聰一郎著　220 元
15. 神通力的秘密　中岡俊哉著　180 元
16. 仙人成仙術　高藤聰一郎著　200 元
17. 仙道符咒氣功法　高藤聰一郎著　220 元
18. 仙道風水術尋龍法　高藤聰一郎著　200 元
19. 仙道奇蹟超幻像　高藤聰一郎著　200 元
20. 仙道鍊金術房中法　高藤聰一郎著　200 元
21. 奇蹟超醫療治癒難病　深野一幸著　220 元
22. 揭開月球的神秘力量　超科學研究會　180 元
23. 西藏密教奧義　高藤聰一郎著　250 元
24. 改變你的夢術入門　高藤聰一郎著　250 元

・養 生 保 健・電腦編號 23

1. 醫療養生氣功　黃孝寬著　250 元
2. 中國氣功圖譜　余功保著　230 元
3. 少林醫療氣功精粹　井玉蘭著　250 元
4. 龍形實用氣功　吳大才等著　220 元
5. 魚戲增視強身氣功　宮　嬰著　220 元
6. 嚴新氣功　前新培金著　250 元
7. 道家玄牝氣功　張　章著　200 元
8. 仙家秘傳袪病功　李遠國著　160 元
9. 少林十大健身功　秦慶豐著　180 元
10. 中國自控氣功　張明武著　250 元
11. 醫療防癌氣功　黃孝寬著　250 元
12. 醫療強身氣功　黃孝寬著　250 元
13. 醫療點穴氣功　黃孝寬著　250 元
14. 中國八卦如意功　趙維漢著　180 元
15. 正宗馬禮堂養氣功　馬禮堂著　420 元
16. 秘傳道家筋經內丹功　王慶餘著　280 元
17. 三元開慧功　辛桂林著　250 元
18. 防癌治癌新氣功　郭　林著　180 元
19. 禪定與佛家氣功修煉　劉天君著　200 元
20. 顛倒之術　梅自強著　360 元
21. 簡明氣功辭典　吳家駿編　360 元
22. 八卦三合功　張全亮著　230 元
23. 朱砂掌健身養生功　楊永著　250 元

24. 抗老功　陳九鶴著　230 元
25. 意氣按穴排濁自療法　黃啟運編著　250 元
26. 陳式太極拳養生功　陳正雷著　200 元
27. 健身祛病小功法　王培生著　200 元

・社會人智囊・電腦編號 24

1. 糾紛談判術　清水增三著　160 元
2. 創造關鍵術　淺野八郎著　150 元
3. 觀人術　淺野八郎著　180 元
4. 應急詭辯術　廖英迪編著　160 元
5. 天才家學習術　木原武一著　160 元
6. 貓型狗式鑑人術　淺野八郎著　180 元
7. 逆轉運掌握術　淺野八郎著　180 元
8. 人際圓融術　澀谷昌三著　160 元
9. 解讀人心術　淺野八郎著　180 元
10. 與上司水乳交融術　秋元隆司著　180 元
11. 男女心態定律　小田晉著　180 元
12. 幽默說話術　林振輝編著　200 元
13. 人能信賴幾分　淺野八郎著　180 元
14. 我一定能成功　李玉瓊譯　180 元
15. 獻給青年的嘉言　陳蒼杰譯　180 元
16. 知人、知面、知其心　林振輝編著　180 元
17. 塑造堅強的個性　坂上肇著　180 元
18. 為自己而活　佐藤綾子著　180 元
19. 未來十年與愉快生活有約　船井幸雄著　180 元
20. 超級銷售話術　杜秀卿譯　180 元
21. 感性培育術　黃靜香編著　180 元
22. 公司新鮮人的禮儀規範　蔡媛惠譯　180 元
23. 傑出職員鍛鍊術　佐佐木正著　180 元
24. 面談獲勝戰略　李芳黛譯　180 元
25. 金玉良言撼人心　森純大著　180 元
26. 男女幽默趣典　劉華亭編著　180 元
27. 機智說話術　劉華亭編著　180 元
28. 心理諮商室　柯素娥譯　180 元
29. 如何在公司崢嶸頭角　佐佐木正著　180 元
30. 機智應對術　李玉瓊編著　200 元
31. 克服低潮良方　坂野雄二著　180 元
32. 智慧型說話技巧　沈永嘉編著　180 元
33. 記憶力、集中力增進術　廖松濤編著　180 元
34. 女職員培育術　林慶旺編著　180 元
35. 自我介紹與社交禮儀　柯素娥編著　180 元
36. 積極生活創幸福　田中真澄著　180 元
37. 妙點子超構想　多湖輝著　180 元

38. 說NO的技巧　廖玉山編著　180元
39. 一流說服力　李玉瓊編著　180元
40. 般若心經成功哲學　陳鴻蘭編著　180元
41. 訪問推銷術　黃靜香編著　180元
42. 男性成功秘訣　陳蒼杰編著　180元
43. 笑容、人際智商　宮川澄子著　180元
44. 多湖輝的構想工作室　多湖輝著　200元
45. 名人名語啟示錄　喬家楓著　180元

・精選系列・電腦編號25

1. 毛澤東與鄧小平　渡邊利夫等著　280元
2. 中國大崩裂　江戶介雄著　180元
3. 台灣・亞洲奇蹟　上村幸治著　220元
4. 7-ELEVEN高盈收策略　國友隆一著　180元
5. 台灣獨立（新・中國日本戰爭一）　森詠著　200元
6. 迷失中國的末路　江戶雄介著　220元
7. 2000年5月全世界毀滅　紫藤甲子男著　180元
8. 失去鄧小平的中國　小島朋之著　220元
9. 世界史爭議性異人傳　桐生操著　200元
10. 淨化心靈享人生　松濤弘道著　220元
11. 人生心情診斷　賴藤和寬著　220元
12. 中美大決戰　檜山良昭著　220元
13. 黃昏帝國美國　莊雯琳譯　220元
14. 兩岸衝突（新・中國日本戰爭二）　森詠著　220元
15. 封鎖台灣（新・中國日本戰爭三）　森詠著　220元
16. 中國分裂（新・中國日本戰爭四）　森詠著　220元
17. 由女變男的我　虎井正衛著　200元
18. 佛學的安心立命　松濤弘道著　220元
19. 世界喪禮大觀　松濤弘道著　280元

・運動遊戲・電腦編號26

1. 雙人運動　李玉瓊譯　160元
2. 愉快的跳繩運動　廖玉山譯　180元
3. 運動會項目精選　王佑京譯　150元
4. 肋木運動　廖玉山譯　150元
5. 測力運動　王佑宗譯　150元
6. 游泳入門　唐桂萍編著　200元

・休閒娛樂・電腦編號27

1. 海水魚飼養法　田中智浩著　300元

2. 金魚飼養法　曾雪玫譯　250 元
3. 熱門海水魚　毛利匡明著　480 元
4. 愛犬的教養與訓練　池田好雄著　250 元
5. 狗教養與疾病　杉浦哲著　220 元
6. 小動物養育技巧　三上昇著　300 元
20. 園藝植物管理　船越亮二著　220 元

・銀髮族智慧學・電腦編號 28

1. 銀髮六十樂逍遙　多湖輝著　170 元
2. 人生六十反年輕　多湖輝著　170 元
3. 六十歲的決斷　多湖輝著　170 元
4. 銀髮族健身指南　孫瑞台編著　250 元

・飲食保健・電腦編號 29

1. 自己製作健康茶　大海淳著　220 元
2. 好吃、具藥效茶料理　德永睦子著　220 元
3. 改善慢性病健康藥草茶　吳秋嬌譯　200 元
4. 藥酒與健康果菜汁　成玉編著　250 元
5. 家庭保健養生湯　馬汴梁編著　220 元
6. 降低膽固醇的飲食　早川和志著　200 元
7. 女性癌症的飲食　女子營養大學　280 元
8. 痛風者的飲食　女子營養大學　280 元
9. 貧血者的飲食　女子營養大學　280 元
10. 高脂血症者的飲食　女子營養大學　280 元
11. 男性癌症的飲食　女子營養大學　280 元
12. 過敏者的飲食　女子營養大學　280 元
13. 心臟病的飲食　女子營養大學　280 元
14. 滋陰壯陽的飲食　王增著　220 元

・家庭醫學保健・電腦編號 30

1. 女性醫學大全　雨森良彥著　380 元
2. 初為人父育兒寶典　小瀧周曹著　220 元
3. 性活力強健法　相建華著　220 元
4. 30 歲以上的懷孕與生產　李芳黛編著　220 元
5. 舒適的女性更年期　野末悅子著　200 元
6. 夫妻前戲的技巧　笠井寬司著　200 元
7. 病理足穴按摩　金慧明著　220 元
8. 爸爸的更年期　河野孝旺著　200 元
9. 橡皮帶健康法　山田晶著　180 元
10. 三十三天健美減肥　相建華等著　180 元

11. 男性健美入門 孫玉祿編著 180元
12. 強化肝臟秘訣 主婦の友社編 200元
13. 了解藥物副作用 張果馨譯 200元
14. 女性醫學小百科 松山榮吉著 200元
15. 左轉健康法 龜田修等著 200元
16. 實用天然藥物 鄭炳全編著 260元
17. 神秘無痛平衡療法 林宗駛著 180元
18. 膝蓋健康法 張果馨譯 180元
19. 針灸治百病 葛書翰著 250元
20. 異位性皮膚炎治癒法 吳秋嬌譯 220元
21. 禿髮白髮預防與治療 陳炳崑編著 180元
22. 埃及皇宮菜健康法 飯森薰著 200元
23. 肝臟病安心治療 上野幸久著 220元
24. 耳穴治百病 陳抗美等著 250元
25. 高效果指壓法 五十嵐康彥著 200元
26. 瘦水、胖水 鈴木園子著 200元
27. 手針新療法 朱振華著 200元
28. 香港腳預防與治療 劉小惠譯 200元
29. 智慧飲食吃出健康 柯富陽編著 200元
30. 牙齒保健法 廖玉山編著 200元
31. 恢復元氣養生食 張果馨譯 200元
32. 特效推拿按摩術 李玉田著 200元
33. 一週一次健康法 若狹真著 200元
34. 家常科學膳食 大塚滋著 220元
35. 夫妻們關心的男性不孕 原利夫著 220元
36. 自我瘦身美容 馬野詠子著 200元
37. 魔法姿勢益健康 五十嵐康彥著 200元
38. 眼病錘療法 馬栩周著 200元
39. 預防骨質疏鬆症 藤田拓男著 200元
40. 骨質增生效驗方 李吉茂編著 250元
41. 蕺菜健康法 小林正夫著 200元
42. 赧於啟齒的男性煩惱 增田豐著 220元
43. 簡易自我健康檢查 稻葉允著 250元
44. 實用花草健康法 友田純子著 200元
45. 神奇的手掌療法 日比野喬著 230元
46. 家庭式三大穴道療法 刑部忠和著 200元
47. 子宮癌、卵巢癌 岡島弘幸著 220元
48. 糖尿病機能性食品 劉雪卿編著 220元
49. 奇蹟活現經脈美容法 林振輝編譯 200元
50. Super SEX 秋好憲一著 220元
51. 了解避孕丸 林玉佩譯 200元

・超經營新智慧・電腦編號 31

1. 躍動的國家越南　林雅倩譯　250 元
2. 甦醒的小龍菲律賓　林雅倩譯　220 元
3. 中國的危機與商機　中江要介著　250 元
4. 在印度的成功智慧　山內利男著　220 元
5. 7-ELEVEN 大革命　村上豐道著　200 元
6. 業務員成功秘方　呂育清編著　200 元

・心 靈 雅 集・電腦編號 00

1. 禪言佛語看人生　松濤弘道著　180 元
2. 禪密教的奧秘　葉逯謙譯　120 元
3. 觀音大法力　田口日勝著　120 元
4. 觀音法力的大功德　田口日勝著　120 元
5. 達摩禪 106 智慧　劉華亭編譯　220 元
6. 有趣的佛教研究　葉逯謙編譯　170 元
7. 夢的開運法　蕭京凌譯　130 元
8. 禪學智慧　柯素娥編譯　130 元
9. 女性佛教入門　許俐萍譯　110 元
10. 佛像小百科　心靈雅集編譯組　130 元
11. 佛教小百科趣談　心靈雅集編譯組　120 元
12. 佛教小百科漫談　心靈雅集編譯組　150 元
13. 佛教知識小百科　心靈雅集編譯組　150 元
14. 佛學名言智慧　松濤弘道著　220 元
15. 釋迦名言智慧　松濤弘道著　220 元
16. 活人禪　平田精耕著　120 元
17. 坐禪入門　柯素娥編譯　150 元
18. 現代禪悟　柯素娥編譯　130 元
19. 道元禪師語錄　心靈雅集編譯組　130 元
20. 佛學經典指南　心靈雅集編譯組　130 元
21. 何謂「生」阿含經　心靈雅集編譯組　150 元
22. 一切皆空　般若心經　心靈雅集編譯組　180 元
23. 超越迷惘　法句經　心靈雅集編譯組　130 元
24. 開拓宇宙觀　華嚴經　心靈雅集編譯組　180 元
25. 真實之道　法華經　心靈雅集編譯組　130 元
26. 自由自在　涅槃經　心靈雅集編譯組　130 元
27. 沈默的教示　維摩經　心靈雅集編譯組　150 元
28. 開通心眼　佛語佛戒　心靈雅集編譯組　130 元
29. 揭秘寶庫　密教經典　心靈雅集編譯組　180 元
30. 坐禪與養生　廖松濤譯　110 元
31. 釋尊十戒　柯素娥編譯　120 元
32. 佛法與神通　劉欣如編著　120 元

國家圖書館出版品預行編目資料

庭園開運風水／小林祥晃著，劉小惠譯；
－初版－臺北市，大展，民 88
186 面；21 公分－（命理與預言；55）
譯自：風水・開運がーデニング
ISBN 957-557-898-8（平裝）

1. 相宅　2. 勘輿

294.1　　88000260

庭園開運風水

ISBN 957-557-898-8

原 著 者／小 林 祥 晃
編 譯 者／劉　小　惠
發 行 人／蔡　森　明
出 版 者／大展出版社有限公司
社　　址／台北市北投區（石牌）致遠一路 2 段 12 巷 1 號
電　　話／(02) 28236031・28236033
傳　　真／(02) 28272069
郵政劃撥／0166955—1
登 記 證／局版臺業字第 2171 號
承 印 者／國順圖書印刷公司
裝　　訂／嶸興裝訂有限公司
排 版 者／千兵企業有限公司
電　　話／(02) 28812643
初版 1 刷／1999 年（民 88 年） 3 月

定　　價／220 元

大展好書 好書大展